职业教育会展策划与管理专业国家教学资源库"会展项目管理"课程配套教材
创新创业与专业教育融合新形态教材

会展项目实训
创立、策划、运营与管理全流程

王 东 金方增 ◎ 编著

华中科技大学出版社
http://press.hust.edu.cn
中国·武汉

图书在版编目（CIP）数据

会展项目实训：创立、策划、运营与管理全流程/王东，金方增编著. -- 武汉：华中科技大学出版社，2024.12. -- ISBN 978-7-5772-1498-6

Ⅰ.G245

中国国家版本馆CIP数据核字第2024GU8471号

会展项目实训：创立、策划、运营与管理全流程　　　　　　　　　　　　王　东　金方增　编著
Huizhan Xiangmu Shixun: Chuangli、Cehua、Yunying yu Guanli Quanliucheng

策划编辑：胡弘扬　项　薇
责任编辑：胡弘扬
封面设计：高　鹏　原色设计
责任校对：程　慧
责任监印：周治超
出版发行：华中科技大学出版社（中国·武汉）　　电话：（027）81321913
　　　　　武汉市东湖新技术开发区华工科技园　　邮编：430223
录　　排：华中科技大学惠友文印中心
印　　刷：武汉市洪林印务有限公司
开　　本：787mm×1092mm　1/16
印　　张：6.5
字　　数：115千字
版　　次：2024年12月第1版第1次印刷
定　　价：49.80元

本书若有印装质量问题，请向出版社营销中心调换
全国免费服务热线：400-6679-118　竭诚为您服务
版权所有　侵权必究

前 言

会展业是我国改革开放的窗口,也是经济发展、社会进步的标志。一方面,会展业当前正蓬勃发展,人才需求旺盛;另一方面,高校会展人才的培养普遍存在着"一听就懂、一用就废"的现象,究其原因是会展教学面临着"仿真容易全真难、实训容易实战难"的困境。

本教材依托浙江金融职业学院 10 余年来在实践性教学改革方面的成功经验,针对会展实战型人才培养面临的教学困境,系统地构建了一套可操作、全流程、强实训的教学模式。通过实战化的项目实训,全面提升学生的会展专业能力和综合素养。教材内容有以下特点。

1. 融合创新创业,打造实践教学

本教材突破传统教学局限,将会展项目实训与大学生创新创业教育深度融合。通过项目策划与落地实践,激发学生创新思维,培养学生创业能力,为学生未来的职业发展打下坚实基础。

2. 贯穿项目全程,强化职业技能

本教材围绕会展项目全生命周期进行设计,涵盖项目创立、策划、营销、运营与总结等五大环节。通过全流程实训,学生的项目管理、组织协调与执行能力得到系统强化和全面提升。

3. 立足真实项目,推动商业落地

本教材所选项目均进行了市场调研和可行性分析,具备真实的商业价值。学生自主开发并执行项目,教师在课程前布置策划任务,各小组提供 A、B 两套方案,并基于市场反馈确定执行方案，推动项目商业化落地。

4. 对标职业岗位，提升综合素养

本教材在实训过程中注重对学生职业素养的锤炼，如市场意识、团队协作、责任意识、风险管理、沟通表达与抗压能力等方面。通过对标真实职业岗位实践，学生的综合素养和能力得到显著提升。

5. 落实过程考核，构建多元评价

本教材注重过程性教学考核，采用"过程为依据，结果为导向"的评价模式，通过学生提交的 5 大类 44 种过程性项目材料，结合教师评价、岗位评价与市场评价，构建多元主体参与的成果主导化评价体系。

本教材的编写，旨在为会展专业的师生提供一套贴近市场、实操性强、创新性突出的实训教材。希望通过真实的项目实践，让学生能在学中做、做中学，培养出既具理论基础又有实操能力的高素质会展人才。

本教材精心设计了"教案＋授课资源＋题库＋教学辅助案例"的系列教学资源。教师和学生可登录"浙江省高等学校在线开放课程共享平台"，搜索"会展综合实训"课程进行教学和学习。

尽管我们在编写过程中力求做到科学性与实用性的统一，但受限于学识水平，书中难免存在不足之处，恳请各位专家及广大师生等批评指正。

编者

2024 年 12 月于杭州

目录 CONTENTS

序篇　课程认知　　1
　一、课程综述　　1
　二、会展项目综述　　2
　三、会展项目主题策划　　4
　四、会展企业岗位设置　　10
　五、会展项目团队建设　　12
　六、会展项目管理制度　　14

实训一　调研立项　　21
　一、会展项目市场调研　　22
　二、会展项目场地踩点　　24
　三、会展项目可行性分析　　26

实训二　项目策划　　36
　一、会展项目活动方案策划　　36
　二、会展项目计划　　40

实训三　项目营销　　56
　一、展会项目招展　　56
　二、展会项目赞助　　58
　三、展会项目宣传　　61
　四、会展项目客户管理　　65

实训四　项目执行　75
　　一、会展项目现场管理　75
　　二、会展项目资料收集　80

实训五　项目收尾　86
　　一、会展项目收尾　86
　　二、会展项目评价　87
　　三、会展项目工作总结　89
　　四、会展项目收尾材料汇总　91

参考文献　96

序篇 课程认知

教学目标

1. 掌握会展项目实训团队建设方法。
2. 掌握会展项目主题确立方法。

能力目标

1. 能够组建小型项目执行团队。
2. 能够通过逻辑分析确立项目主题。

素养目标

1. 培养团队协作能力。
2. 学以致用,将知识转化为实践能力。
3. 突破职业思维,具备创新精神。

课前自学

一、课程综述

"会展项目实训"是高校会展专业的重要课程,体现了会展行业人才培养的实践性特点。课程对接岗位标准,通过开发全真的实战型商业化落地项目,创新人才培养模式。课程着重于项目实战,主要培养具有会展项目策划、运营、执行、管理能力,具有全面扎实的会展专业知识和良好职业素质的会展项目经理。通过课程的

微课:课程综述

学习，学生能进行商业性项目的实操，并深刻理解会展项目的基本要素、流程和活动，具备会展活动创意策划、客户管理和运营操作技巧等业务能力。

课程学习通过组建项目组来培养学生的团队协作能力、实践能力和创新能力等，项目组既是合作学习小组，又是商业化运营主体，也是项目创新创业团队。项目组设负责人1人，另依需设市场、策划、运营、执行等主要工作岗位，依岗配人，多岗轮动，各尽其能。教学目标依据目标岗位分别设定知识目标、能力目标和素养目标。

课程通过在项目职场、课堂学场、社会市场"三场"学习和业务操作，根据项目教学要求，让学生掌握五项基本业务操作技能，即项目调研立项、项目策划、项目营销、项目执行、项目评估，明确"懂技术""精服务""立素养"的培养目标，学生在项目推进过程中，经过社会锤炼，在真实的商海中，学会做人、做事，确立敬业爱岗的"自立意识"、奋斗不息的"自强精神"、独当一面的"自信价值"以及追求成功的"自我认同"的"四自素养"。为学生走上会展企业工作岗位或为会展项目创业打下坚实的基础。

二、会展项目综述

会展业是会议、展览会、节事活动和奖励旅游等的统称。我国提出会展业的概念也是基于会议、展览及节事活动的高度融合，并且都具有因人员流动而带动消费和经济增长的特点。因为所涉及的业务广泛，所以国外的一些大学将会展业统称为Event（事件），诚然，无论是会议还是展览、节事，都属于一种"事件"类型。

（一）会议的概念和分类

会议是指在特定的时间和空间，通过发言、讨论、演示、商议、表决等多种形式，以达到议事协调、交流信息、传播知识、推介联络等目的的一定人数的群体活动。会议按照不同的标准可以分为以下几种类型：

（1）按规模大小分类。会议分为国际会议、洲际会议、国内会议、地区会议等。国际会议的标准，按ICCA规定的条件为：①会议代表不少于50人；②会议要按周期举办，如每年、每两年或更长时间举办一届；③至少在三个国家轮流举办。

（2）按组织形式分类。会议分为大会或年会、代表会议论坛、专题学术讨论会和座谈会等。

（3）按举办内容分类。会议分为商务会议、展销会议、文化交流会议、度假型会议、专业学术会议、政治性会议和培训会议等。

（4）按主办主体分类。会议分为社会团体会议（政府会议和协会会议）、公司（企业）会议和其他组织会议（联谊会和交流会）等。

（二）展览的概念和分类

展览是在一定地域空间和有限时间内举办的，以产品、技术、服务的展示、参观、洽谈和信息交流为主要目标的，有多人参与的群众性活动。

展览可以按照展览内容、展览目的、展览面向对象、展品来源、展览地域、展览是否营利、展览时间和展览场地等标准进行分类，其中专业性展览又可以分为贸易性质的展览和消费性质的展览。

贸易性质的展览又称为行业展览，是为生产和经营需要而开展贸易洽谈、订货和信息交流等活动而举办的展览，参加展会的都是产业链上、下游中的买家和卖家。通常把来展览会参观、采购物资的一方称为专业买家或专业观众，把购买展位宣传企业和产品、希望达成交易的一方称为参展商。

消费性质的展览是面向终端消费者的展览，消费者购买主要用于自我消费，不用于再生产或创造利润，因此展览的内容以消费品为主，一般以展销会、展示会的形式出现，一般来说，向专业观众开放的展览是贸易性展览，对社会公众开放的展览是消费性展览。现在，很多专业性的展览会也会向公众开放，如一个为期三天的展览，第一天向专业观众开放，后两天会向社会公众开放，因为展览会本身也需要扩大社会影响，需要人气并得到消费者的认可。

（三）活动的概念和分类

活动是一个非常广泛的概念，从狭义上来说，活动指的是节事活动、公关活动、赛事活动等。活动可以是常规的，如节庆和赛事活动；也可以是非常规、非定期的，如促销活动、某些娱乐活动、婚庆和旅行活动等。活动可以很大，如奥运会、世界杯；也可以很小，如某个景区内的龙舟赛，或时装展会中的发布表演。

在实际项目策划中，展览、会议和活动经常是相互结合的，只是有主角和配角之分。如2015年在上海举办的首届亚洲消费电子展，会议活动非常丰富，成为展会的一大看点。展会主办方在展会开幕前便公布了完整的会议嘉宾阵容和安排，展会有50多名行业高管在三天的会议期间带来精彩演讲，专题会议涵盖可穿戴设备、健康产品、机器人设备、物联网和消费科技市场的未来发展等。展会不但是促成交易的场所，也是了解信息的重要场合，会议和其他的各种活动能够促进行业的交流，也是吸引专业人士前往观展的一大特点。而很多的会议也会同期举办一些活动或展览，如 COA 国际学术大会，每年吸引 10000 多名海内外骨科医生参与盛会，同时，与其同期举办的上万平方米的展览也吸引了海内外医疗仪器和药品生产厂家参加。骨科医生们在参加学术会议的空余时间，可以与医疗器械和药品生产厂家进行交流，了解这方面的技术和材料的发展情况，也丰富了信息的获取渠道。

项目建议

（1）课程前期需确认 A、B 两个实训项目主题，A 项目作为第一执行项目，B 项目作为备用项目。

（2）作为学生实训项目，建议选择项目时从自身环境、自身资源、自身兴趣等方面考虑。

三、会展项目主题策划

（一）展会主题策划

所谓展览主题，就是举办一个展览会所计划要展出的展品范围，即让哪些商品在展览会上展出。展览题材的选择是一项细致和专业的工作，涉及产业的专业分类和专业设置。

微课：会展项目主题策划

1. 项目主题选择的社会环境因素

社会环境因素包括政治经济、社会文化等因素。其在市场调研中是必须获取的信息，也是展会项目选择过程中必不可少的决策依据。展会项目是为地区某一热点问题或热门行业提供交流或贸易平台的，所以，项目主题必须与当地的政治局势和区域经济状况相契合，从而实现展会的经济目标和社会目标。

2. 项目主题涉及的行业因素

无论是专业性展览还是专业交流会议，项目成功的一大前提就是在对行业有充分了解的前提下进行市场定位。

1）展会项目主题涉及的行业发展现状

行业发展现状包括该行业在产业链中的地位、相关产业的市场结构、竞争状况、利润分布状况和市场的开放度等情况。行业规模大、发展前景好，处于生命周期的成长期和成熟期,盈利能力强、企业数量多,自然参与交流和交易的主体也多,展会规模才可以做大。

2)相关行业或产业是否具有发展潜力

市场潜力的大小通常可以通过现有市场规模、市场发展水平和竞争程度、市场辐射力等指标反映出来,如组织者可以考察该行业产品购买者的需求结构、购买动机、购买行为、购买决策方式和销售渠道,从而来判断其潜力及展会项目的市场空间,这决定了展会的规模和参展商、观众的数量。

3)举办地产业导向

举办地的产业政策,对举办地该产业的发展有举足轻重的作用。往往是产业政策越支持,该产业中的企业就越容易聚集。展会选择举办地有两个原则:一是或依托当地的产业,或依托当地的消费市场;二是当地政府的支持。

3. 举办者的资源

展会的举办是一项需要经验积累且耗时费力的工作,因此,展会项目的选择还取决于企业的各项资源的匹配程度。办展机构必须清楚认识自己的优势和劣势,还需明确办展目标,是更注重经济效益还是社会效益。对自己机构的长处与缺陷要有足够的认识,主要通过以下几方面进行分析。

1)财力因素

财力因素是指举办者是否有充足的资金支持所举办的展会项目。组织展会从市场调研、展馆租赁、招展招商到宣传推广等,每个环节都需要资金。因此,需要合理安排展会活动每个阶段的资金,以保证项目工作的开展。

2)人员因素

人员因素是指项目团队成员的素质是否能达到会展项目的要求。特别是一些专业的展览或会议活动,需要办展、办会人员熟悉该产业和产品的特点。因此,在考虑人力资源的调配时,主办者不但需要考虑能否在短期内为各项工作配备充足的人力资源,还需要考虑人力资源的专业素质,能否通过培训,使之具备相应的专业知识和技术能力。

3)时间和精力因素

展览或一些国际大型会议的周期一般比较长,前期筹备工作烦琐、复杂,主办方要留有充分的时间做准备,并尽量保证工作人员的持续性。

4）管理因素

管理因素是指组织者是否具备举办所选择会展项目的管理经验和水平。在考虑管理因素时，选择的会展项目的级别和规模要与自身的管理水平相适应，超越自身管理能力而举办级别高或复杂的会展项目，会在实施过程中出现各种问题，不但不能保证品质，还有可能导致项目亏损或失败。除此之外，还要分析行业已有会展的竞争力，如果在同一地区的同类会展竞争性很强，就应该考虑与之互补的产业会展主题。

项目建议

> 学生实训项目可选择小型展销会，建议二十个摊位左右，以摊位销售收入和赞助为主要资金来源，以大学生、周边居民为主要受众的消费型展销会。

（二）会议主题策划

会议主题策划需要考虑会议的目标、受众、行业趋势以及期望达到的效果。一个好的会议主题不仅能够吸引参会者的兴趣，还能确保会议内容具有相关性和时效性。以下是一些步骤和建议，可以帮助您策划一个成功的会议主题：

1. 明确会议目标
- 确定会议的核心目的，比如教育、培训、交流等。
- 清晰地定义希望通过会议达成的具体成果。

2. 了解目标受众
- 分析参会者的职业背景、兴趣点和期望。
- 确定目标受众的共同需求，以便更好地吸引他们参加。

3. 考虑行业趋势
- 关注当前行业内的热点话题、最新研究成果和技术进步。
- 将这些趋势融入会议主题中，使其保持前沿性和相关性。

4. 主题的独特性和相关性
- 设计一个独特且相关的主题，确保其能够激发参会者的兴趣并引起共鸣。
- 主题应当具有唯一性、相关性和易于传播性，能够轻松概括会议的核心内容。

5. 实用性与可行性
- 确保主题内容丰富，能够支撑整个会议过程。
- 考虑到实际操作层面，确保能够邀请到合适的演讲嘉宾和参与者。

项目建议

不建议学生操作会议类实训项目。会议项目的人员邀约难度较大,也很难收取参会费,赞助难度也较大,限制了资金来源,操作成功率不高。如果有校方的资金支持,也可考虑此类项目。

(三)节事活动主题策划

1. 活动策划该凭借什么

同学们在进行活动策划的过程中,先要为活动策划找到可以凭借的推动力,即举办活动的理由。因为直接表明活动的利益和目的可能在活动还未开始就会激发大多数受众的反感。但如果给活动赋予理由的话,这样不仅可以大大增加活动的信服力,还能吸引受众主动参与活动。

1)合适时机

不管是线上还是线下,以时间为理由的活动策划是非常常见的活动类型,如"双十一"活动。活动策划中所指的时间,并不单指日期,还可以从假日和时节两个方面考虑(见图0-1)。

图 0-1 假日和时节

2)时事热点

时事热点是人们最为关注的话题,同学们可以借助它们的"热势"让自己的活动更容易被人们所接受。那么,哪些时事热点可以作为活动策划的素材呢?可以从以下三点入手:

- 社会热点;
- 明星话题;
- 生活新闻。

3)自身亮点

除了时间和热点两个因素外,同学们还可以以自身群体的喜好特点作为策划活动的凭借，以吸引受众的注意力。在现今以追求新生活方式为时尚的大环境下，"新"这一字眼无疑有着巨大的吸引力，因此，可以围绕"新"这一理念进行活动策划。例如：露营、毅行等富有新意的活动形式。

2. 活动分类

1）周年庆典

周年庆典是为了庆祝公司或组织成立的重要纪念日，通常会举办一系列活动，以展示公司的发展成就，同时增强员工的凝聚力和客户的忠诚度。

2）音乐节

音乐节是一种大型的音乐活动，通常在户外举行，为期一到两天或更长时间，由多个乐队和艺人表演，能吸引大量的观众。

3）演唱会

演唱会是一种提供音乐欣赏、社交和娱乐体验的重要文化活动，也是让观众们共享音乐魅力和感受艺术的重要场所。

4）文化节

文化节是一种重要的文化活动，可以为公众提供丰富多彩的文化体验和娱乐活动，促进文化交流和传承，增强文化自信和认同感。

5）晚宴

晚宴是一种正式的餐饮活动，用于庆祝特殊场合和纪念日等。晚宴的策划和组织需要考虑到诸多细节，从场所、菜单、座位安排到氛围、装饰和服务等方面，以确保与会者能够享受到精美的餐饮，以及获得良好的社交体验。

6）体育赛事

体育赛事是一种有组织的、正式的体育比赛，旨在强健体魄、休闲娱乐和促进文化交流。它为观众提供了紧张刺激的观赛体验，也为参赛队伍和选手提供了展示技能和竞技精神的机会。

7）创意市集

创意市集是一种充满活力和创意的新型市集形式，为年轻人提供了一个展示自己创意和才华的平台，同时也为消费者带来了更多元化的购物体验。

8）社区活动

社区活动的种类非常多，可以根据社区居民的需求和兴趣来开展不同形式的活动。这些活动可以增强社区居民之间的联系和互动，提高社区居民的生活质量，同时也能促进社区的和谐发展。

9）亲子活动

亲子活动是一种有益于孩子健康成长的活动，可以让孩子在娱乐中学习知识，增强体质，提高各方面能力，同时也可以让家长与孩子建立更加紧密的关系。

10）路演

路演是指在公共场所进行演说、演示产品、推介理念等的活动，让投资者可以亲身体验产品或服务。

11）开业活动

开业活动是展示公司实力和吸引客户的重要方式。通过确定主题、策划内容、宣传推广、精心布置现场、提供优质服务以及做好后续工作等方式，可以为公司打造一个成功的开业活动，吸引更多的人前来参加，并提升公司的知名度和品牌形象。

12）嘉年华

嘉年华是一个大型的节日，通常包括一系列的庆祝活动和表演。它通常是由政府或商业组织主办，并在公共场所举行，以吸引大量的人前来参与。嘉年华的庆祝活动通常包括游览、游戏、美食品鉴、表演等。这些活动旨在为人们提供一个愉快的体验。

13）公益活动

公益活动是一种社会性的公共活动，旨在帮助那些需要帮助的人群，改善他们的生活条件。这种活动通常是由政府、非政府组织、企业或个人等发起和组织的，通过各种形式和渠道筹集资金和资源，以支持那些需要帮助的人。

14）答谢会

答谢会是一种商业活动，通常是为了向客户、合作伙伴、员工或其他人表示感谢而举行的。这种活动通常在正式的场合举行，旨在促进与会者之间的交流和互动，增强彼此之间的联系，并表达对对方的尊重和感激。答谢会通常包括一些常见的活动，例如演讲、表彰、颁奖、表演等。演讲者通常是一些重要的人物，例如公司领导、客户代表或合作伙伴代表等，他们会在演讲中表达对与会者的感激之情，并分享一些公司的成就和未来的计划。

15）快闪

快闪是一种短促的、突然的、有时是戏剧性的集体行动，通常在公共场所进行，旨在吸引人们的注意和引发讨论。这种行动通常是通过社交媒体或其他通信工具组织起来的，参与者们会在同一时间、同一地点出现或行动，然后迅速消失。快闪可以包括各种形式，例如舞蹈、歌唱、表演、涂鸦等。一些快闪行动可能是为了表达政治或社会主张，而另一些则可能是为了娱乐或创造社会热点。

16）启动仪式

启动仪式是各种活动开始前的重要环节，旨在正式宣布活动的开始，营造出一种隆重、庄重的氛围。启动仪式通常包括一些常见的程序，例如升国旗、唱国歌、致辞、揭牌等，通常也会进行一些表演或展示活动。同时，启动仪式也是一个宣传和推广的好机会，主办方可以通过各种方式向公众宣传活动的主题和意义，增强公众对活动的认知和参与度。

17）签约仪式

签约仪式在商业活动较为常见，它通常是为了庆祝双方达成合作协议，或者签署合同、协议等重要文件。这种仪式通常在正式的场合举行，主办方需要精心策划和准备，以确保仪式的顺利进行。

18）发布会

发布会是商业活动中常见的宣传手段，它通常是为了向媒体和公众宣布重要消息、推广新产品或服务，或者介绍公司的最新进展和成果。这种活动通常在正式的场合举行，主办方需要精心策划和准备，以确保活动的顺利进行。发布会通常包括一些常见的程序，例如主持人致辞、主要发言人演讲、回答记者提问等。在发布会上，主要发言人通常会介绍公司的最新进展和成果，或者推广新产品或服务。回答记者提问则可以增强公司与媒体、公众的互动和交流。

项目建议

> 作为学生实训项目，建议操作一定规模的节事活动项目，此类项目内容丰富，现场氛围较好，较受赞助商青睐，有一定的物料赞助及资金赞助，易操控，成功率较高。

四、会展企业岗位设置

会展企业的职能部门主要依据业务开展的流程和工作职责来设置。一般来说，以主办活动为主要业务的会展企业的职能部门主要有策划部、市场部、宣传设计部、管理运营部、工程部、财务部和人事部等。

（一）策划部

策划部是会展企业的基础部门，其主要工作包括企业形象策划和会展项目策划两个部分。企业形象策划主要是树立企业在公众心目中的品牌形象；而会展项目策划是在进行市场调研分析的基础上，编写立项策划方案、会展工作方案和计划，制定项目预算，并进行项目的可行性分析。

（二）市场部

市场部是会展企业非常重要的部门之一，一个有活力、拓展能力强并善于创新的市场部能够推动企业前进，是企业生存和发展的重要动力。会展企业市场部的主要职责是招徕和联系参展商和与会者，具体工作包括招展宣传、选择参展者和组织展览团、寻找赞助商、签订展会合同、确定会议回执等。市场调研和客户服务也是市场部的重要职能，有些展览公司市场部还经常开展客户行业信息交流活动，这也是客户维护的一个有效手段。

（三）宣传设计部

宣传设计部在会展公司的主要职能是为展会或会议做好宣传工作，包括媒体合作、新闻发布会、展会网站维护、广告宣传、活动宣传、设计制作和设计沟通等；通过宣传设计部的工作扩大展会的知名度和影响力，吸引观众参加展会、会议或其他活动。

（四）管理运营部

管理运营部是会展活动的执行部门，涉及现场执行方案的策划和执行工作，如展品运输、参展商展台搭建设计、注册工作、开幕式工作、现场各种公关活动、文书记录整理、工作现场翻译服务、会场安排协调、场地签约、现场管理、安保事宜，以及活动参加者的住宿餐饮旅游等工作的安排。

（五）工程部

工程部是会议中心和展览场馆的重要部门，其主要工作是负责会展企业经营和会展活动期间所有的服务设施工作，如维护展览馆或会议场所内的装修和陈设，保障水电系统、音响系统、空调系统、电话通信及网络服务等能够正常运行和有效使用。

（六）财务部

财务部的主要职责是协助会展企业决策者进行企业经营预算和核算工作，审核会展项目的财务可行性分析，特别是盈亏平衡点，以有效控制企业经营费用，积极进行筹资，保证企业有充足的现金流，确保企业获得最佳的经济效益。

（七）人事部

人事部的主要任务是负责会展企业员工的招聘、选拔、培训、薪资、考核和激励等工作，还包括会展企业临时工作人员（如实习生、志愿者等）的招募。

以上各部门是依据一般会展公司的运作来设立的。在实际工作中，会展公司会根据企业实际情况进行部门配置，部门名称和部门职责也会因每个公司的情况而有所不同。

五、会展项目团队建设

微课：会展项目团队建设

（一）明确会展项目团队建设目标

会展项目团队是为了实现会展项目的目标而协同工作的一组个体的集合，是一个迅速形成的、由具备协作精神的成员所构成的临时性组织。作为团队来说，应包含以下含义，同时也应该将其作为团队建设的目标。

1. 共同的目标

每个组织都有自己的目标，项目团队也不例外，正是在这一目标的感召下，项目队员团结在一起并为之共同奋斗。对于一个会展项目，为使项目团队工作有成效，就必须在项目开始前明确目的和目标。

2. 合理分工与协作

在目标明确之后，每个成员都应该明确自己的角色、任务和职责，明确各个成员之间的相互关系。在会展项目的实施过程中，每个人的行动都会影响其他人的工作，因此，团队成员都需要了解为实现项目目标而必须做的工作及其相互间的关系。在实际操作过程中，项目团队在建立初期就让团队成员明确项目目标和成员间的相互关系，可减少以后在项目执行过程中的误解。

3. 高度的凝聚力

凝聚力指团队成员在项目内的团结度与向心力。团队对成员的吸引力越强，队员坚守规范的可能性越大。一个有成效的项目团队，必定是有高度凝聚力的团队，高度的凝聚力能使团队成员积极热情地为项目的成功付出必要的时间和努力。

4. 成员的信任

团队的另一个重要特征就是信任，即成员之间相互关心，相互信任，承认彼此存在的差异，但能够自由表达，通过交流，达到最终的理解与支持。

5. 有效的沟通

团队还应具有高效的沟通能力，项目团队应具备硬件装备，具有全方位的信息沟通渠道、保证沟通直接、高效；另外，团队成员还应具备一定的沟通能力，能交流、倾听、接纳其他队员的意见，并能得到有效的信息反馈。

（二）创造良好的工作环境与氛围

会展项目团队的工作环境和氛围对于是否能高效地完成项目非常重要。为形成良好的氛围，应增强团队的凝聚力，提高团队成员的士气，解决好工作中的冲突。

1. 形成团队凝聚力

团队凝聚力指团队对每个成员的吸引力以及团队成员之间人际关系的良好程度。团队凝聚力受项目内部因素和外部因素的影响。内部因素如领导方式、团队目标、奖励方式、团队成员对团队依赖程度等。项目经理的领导风格应适应会展项目的实际情况，提倡"参与式"管理，能够充分地授权和运用恰当的激励方式；项目团队成员应相互尊重，具有强烈的事业心和责任感，沟通完全和充分；项目团队为成员提供自我发展与实现的平台。

2. 提升团队士气

团队士气就是团队精神，即团队成员愿意为实现团队目标而奋斗的精神状态和工作风气。高士气的团队必须是具有高凝聚力、目标一致、具有化解矛盾能力和适应外部环境变化能力的团队。

3. 化解冲突与矛盾

会展项目团队在工作中，由于工作压力大、环境复杂多变和协调工作困难等，出现冲突在所难免。冲突可充分暴露问题，激起讨论，澄清思想或寻求新的方案，但若控制不好就会破坏团结、降低信任。冲突涉及人力资源、设备、费用、责任、时间规划、管理程序和个性等方面。项目经理应依据经验确定解决冲突的方式，常用的方式是协商，其次是妥协、缓和，最后是强制退出。但退出是一种临时解决问题的方法，不能根本性地解决问题，应采用多沟通与交流的方法，大家换位思考，力争达成一致，保证项目的成功。

（三）会展项目团队建设方法

1. 角色界定法

贝尔宾（Belbin）提出了团队角色理论，后来又对角色的名称做了修改。贝尔宾是通过一系列模拟练习得出九种角色的，他还证明成功的团队是由不同性格的人组合在一起的。另外，成功的团队中必须包括担任不同角色的人。

2. 建立统一价值观法

许多人认为团队建设的核心是在团队成员之间就共同价值观和某些原则达成共识，因此团队建设的主要任务是建立共识。

3. 任务导向法

以任务为导向的建设途径强调团队要完成的任务。按照这一途径，团队必须清楚地认识到某项任务的挑战，然后在已有的团队知识基础上研究完成此项任务所需要的技能，并发展成具体的目标和工作程序，以保证任务的完成。

4. 人际关系法

该途径通过在成员间形成较高程度的理解与尊重，来推动团队的工作。

项目建议

（1）项目小组遵循以上方法在班级内自由组合，建议差异化搭配，并推荐一名组长。

（2）授课教师确认并审核团队，并进行组织结构调整。

（四）建立会展项目团队绩效考核办法

会展项目的成功，是靠团队整体的工作来保证的，是团队成员共同创造的，但若不对个体进行考核，会造成团队成员心理的不平衡，影响大家的积极性，严重的会导致团队的瘫痪。所以需建立合理的、有效的团队绩效考核标准与办法。

（1）建立团队绩效评估体系，具体包括：①团队成员个人工作表现考评；②对团队工作的考评；③团队在整个组织中的贡献考评。

（2）绩效考核的方法：①业绩考评表：它根据所限定的因素来对成员进行考核；②目标管理：它是一种潜在有效的考评员工业绩的方法；③360°评价法：在团队中实施全方位、全过程的评价，调动团队所有成员全方位参与。

六、会展项目管理制度

（一）项目例会

1. 每周按时召开项目例会

项目例会是一种定期召开的会议，通常用于沟通和协调项目进度、解决问题和

微课：会展项目日常管理

分配任务等事项。项目例会可以帮助项目团队成员之间保持信息透明和沟通畅通，确保项目按时、保质完成。项目例会通常由项目经理或项目负责人主持，参加人员包括项目团队成员、相关领导和利益相关者等。

项目例会通常包括以下内容：

- 报告项目进度：概述项目当前进度、已完成工作和下一步计划，以及关键任务的达成情况。
- 讨论问题：讨论项目过程中遇到的问题和挑战，提出解决方案和需要的支持，确保问题得到及时解决。
- 分配任务：根据项目需求和团队成员的能力和兴趣，分配相应的任务和职责，确保项目工作顺利进行。
- 协调资源：协调项目所需的人力、物力和财力等资源，确保项目进度和质量不受资源短缺的影响。
- 评估风险：评估项目可能面临的风险和挑战，制定相应的应对措施和预案，确保项目顺利进行。
- 其他事项：讨论其他与项目相关的议题和事项，例如变更请求、保证质量等。

2. 项目例会要求安排专人做会议记录

会议记录是指在会议过程中，由记录人员对会议内容、议程、讨论内容、与会人员发言和其他重要事项进行的记录。会议记录是会议的重要资料之一，它可以帮助与会者回顾会议内容，同时也是向上级或其他人员报告会议情况的重要依据。

一份完整的会议记录应该包括以下内容：

- 会议主题和目的：记录人员应该记录会议的主题和目的，以便与会者了解会议的重点和讨论内容。
- 会议时间和地点：记录人员应该记录会议的日期、时间和地点，以便与会者了解会议的时间和地点信息。
- 出席人员：记录人员应该记录出席会议的人员名单，包括与会者的姓名、职务和联系方式等信息。
- 会议议程：记录人员应该记录会议的议程，包括会议的流程、讨论主题和每个议程项目的发言人和发言时间等信息。
- 讨论内容：记录人员应该详细记录会议的讨论内容，包括每个发言人的发言内容、讨论的重点和发言者的主要观点等信息。

- 决议和结论：记录人员应该记录会议的决议和结论，包括通过的决议、决定的行动计划和责任人等信息。
- 后续行动计划：记录人员应该记录后续的行动计划，包括需要采取的措施、完成时间和负责人等信息。

在记录会议时，记录人员应该保持客观、准确、完整和清晰，同时要注意保护与会人员的隐私和机密信息。此外，记录人员还应该对会议记录进行整理和分类，以便与会者和其他人员查阅和使用。

项目建议

会展项目实训期间，要求实训小组每周必须组织一次例会，并做会议记录，会议记录要求附例会照片。

（二）周报

周报是一种定期报告，通常用于向上级汇报或向同事们传达工作进展、重要事项和遇到的问题等情况。周报可以帮助人们更好地了解工作进展、及时发现和解决问题，同时也可以促进与同事之间的沟通和协作。

一份完整的周报应该包括以下内容：

- 工作进展：概述本周完成的工作任务和达成的工作目标，包括具体的成果和数据。
- 重要事项：介绍本周发生的重大事件、重要会议和其他重要信息，以便让上级和同事们了解本周的重点工作。
- 遇到的问题：列出本周遇到的问题和挑战，以及采取的措施和解决方案，同时也要说明需要上级或同事们协助解决的问题。
- 下周计划：概述下周的工作计划和重点任务，包括具体的目标和计划。
- 其他事项：可以列出需要上级或同事们关注的事项，例如需要协调资源、安排会议等。

项目建议

周报是各方对工作的监督，也是对工作的总结、反思及计划。周报为单向沟通，管理者可根据情况回复。

（1）每周按时按质完成个人工作任务，及时提交个人周报。

（2）周报提交时间：个人周报每周六晚十点前发至组长邮箱，小组周报每周日晚十点前发至老师邮箱。

（3）违者酌情扣分。

（三）会展项目报告

会展项目报告提供各种所需要的信息资料，是会展项目监督和控制的基础，会展项目报告是为项目所有利益相关者编写的，是项目利益相关者之间沟通的重要资料，同时也可提醒项目团队成员应注意的问题。

会展项目报告从时间上来看有日报、周报、月报和季报。日报是会展项目持续期间平时工作的记录，是第一手资料，其他的是一定程度的汇总报告。实际工作中比较常用的一种综合报告是定期编写的会展项目进展报告，该报告包括项目成本、进度、质量、范围等的当期情况、累计情况、与计划比较的偏差等内容。报告的格式可用图表、文字和实物照片，全面地展示需要报告的内容，便于会展项目组织者进行监督与控制。

1. 会展项目进展报告

会展项目进展报告是用于描述项目进展情况和取得的成果，传递项目执行绩效的汇总报告。通过会展项目进展报告，可以明确项目按照进度计划已经到达的阶段、项目已按时完成的活动和未按时完成的活动、已完成的项目活动对项目资源的使用情况、原定的项目目标是否已经达成等。

会展项目进展报告可由团队成员向项目经理提供，或由项目经理向会展主办者提供，或由项目经理向更上一层管理者提供。报告的时间频率可以根据不同项目的特点来设定，可以采用天、周、月和季度的频率。例如，对于短期会议，每天都应报告会议的进展情况，如酒店联系情况、参会者报到情况等，以便随时调整计划。项目进度报告一般有日常报告、项目累计情况报告和例外报告3种。

（1）日常报告，即有规律地将日常项目实施情况进行报告，日常报告可以根据资源利用期限提供，也可每周提供，内容包括会展活动中已经完成的任务、正在进行的任务、实际与计划的比较等。

（2）项目累计情况报告，即自项目开始至今所有时期累计完成情况的报告，可以从中看出项目的发展趋势，并进行不同时间项目实施情况的比较。

（3）例外报告，即用于报告与计划存在重大差异的例外情况，并找出差异存在的原因与解决的办法，使有关管理层和实施人员能及时、清晰地注意情况，并作出相应的决策。

2. 会展项目进展报告的编制

会展项目进展报告所涉及的主要内容包括本期项目的进展情况、本期项目实现中存在的问题以及解决情况、计划采取的措施、项目变更和下一期项目进展预期目标等。

- 上期报告以来的主要成绩。描述在报告期内取得的主要成果和达到的关键性目标。
- 项目实施的当前情况。将报告期的实际成本、进度和工作范围与计划进行比对，并对重大偏差作出解释。
- 上期报告所列出问题的解决情况。上期报告列出的问题，若本期内已解决的或取得进展的，应报告解决情况；若仍未取得进展的，则需说明原因。
- 项目当前存在的问题或预计会出现的问题。列出项目在本期进展过程中存在的或预期可能出现的问题，包括进度问题、时间问题、技术问题、成本问题和沟通问题等。
- 计划采取的措施。对本期存在的问题或预计会出现的问题及上期报告列出的问题在本期仍未取得进展的，需报告在下一报告期应该采取的改进措施。另外还应说明这些措施对项目目标可能造成的威胁，以及有关成本、进度、质量方面的管理和工作要采取的改进措施。
- 项目变更。项目计划在执行过程中由于某些意外导致需要修改。项目进展报告中应详细列明已经批准的和请求的项目变更，包括变更日期、变更原因及变更的合理性。
- 下一报告期的项目进展情况预期。描述下一期将完成的重要事项，并对预期目标进行说明和规定，预期目标应与最新更新的项目计划一致。

项目建议

（1）项目状态报告是掌握小组项目进程的重要依据，教师根据小组项目进度及时进行有针对性的指导、调整和建议，助力项目推进。

（2）每周本课程第一节课各小组进行会展项目状态报告。

课中实训

讨论一　组建项目团队

任务描述

教师引导学生进行团队组建，项目团队建议 8 人，根据班级情况确定团队中男女比例，学生自愿结对，并推荐组长人选，教师对项目团队及组长人选进行审核确定。并将团队成员信息记录在表 0-1 中。

表 0-1　小组成员表

序号	姓名	性别	工作岗位	任职理由

讨论二　确定项目名称

任务描述

小组讨论：提交三个项目主题，教师参与讨论，确定项目主题及备选主题。请将讨论结果及个人工作内容记录在表 0-2 中。

表 0-2　市场调研要点记录

研究内容	项目名称	项目理由
项目主题		
项目备选主题		
个人工作记录	1. 工作时间： 2. 工作内容：	

复盘反思

1. 知识盘点：通过对项目立项部分的学习和实践，你掌握了哪些知识点？

2. 方法反思：在完成本项目学习和实训的过程中，你学会了哪些分析和解决问题的方法？

3. 行动影响：在完成本项目学习和实训的过程中，你认为自己还有哪些地方需要改进？

案例

学生实训项目案例

实训一
调研立项

教学目标

1. 掌握调研问卷的设计策略。
2. 掌握项目市场调研的主要内容。
3. 掌握场地踩点报告的主要内容和方法。
4. 掌握项目可行性报告的主要内容。

能力目标

1. 能够设计符合调查项目主题的调查问卷。
2. 能够根据市场调查数据分析撰写市场调查报告。
3. 能够独立完成场地踩点报告。
4. 能够根据市场调查报告撰写可行性分析报告。

素养目标

1. 培养问题意识。
2. 提升研究能力。
3. 增强团队协作精神。

课前自学

会展项目是一项严谨的系统性工作,需要前期进行充分的市场调研与可行性分析。

一、会展项目市场调研

会展项目市场调研复杂且至关重要，它可以帮助会展组织者更好地了解市场需求、竞争环境和目标受众的偏好，从而制定有效的策略。

1. 会展项目市场调研的内容

（1）会展项目所在地的法律环境和社会文化环境，以及当地社会公众对会展项目的支持程度。

（2）会展项目的经济和市场环境，包括举办地的经济发展水平、举办地的基础设施和社会服务体系、举办地的场馆规模和服务水平、项目的市场规模、市场发展前景等。

（3）会展项目的竞争环境，包括同类展会和其他替代产品的竞争者。

（4）自身环境，包括项目管理团队、财务约束等情况。

2. 会展项目市场调研问卷设计

调研问卷包括问卷开头、问卷主体两个部分。

（1）问卷开头的设计，目的是引起被调查者的注意和兴趣，构成内容包括名称、目的、意义、问卷填写要求等。

（2）问卷主体的设计，构成内容包括编码、调查题目、被调查者基本情况等。

①题目内容必须和研究主题直接相关且需要具有一定的逻辑性，尽量使用简短的句子，每个题目只涉及一个问题、不能兼问；封闭式问题放在前面，开放式问题放在后面。

②题目数量以 15 个左右为宜，以封闭式问题（单选题）为主，可设计少量开放式问题（问答题）。

项目建议

调研问卷设置 2—3 个被调研人的基本信息问题，其他为专业性问题，以上设置为单选题，最后也可设置一个开放式问答题。

3. 会展项目市场调研

市场调研是团队收集和分析信息以了解市场需求、竞争对手、潜在客户偏好以及行业趋势的过程，有助于团队做出更好的商业决策。

（1）明确调查的目的。

（2）明确调查的对象，调查对象应为产品的主要受众群体。

（3）调查前各工作人员必须有明确的职责分工，最大限度地避免被调查群体的重叠。

（4）调查问卷要求最少有200个有效样本。

（5）问卷的发放、收集和整理，可使用问卷星等软件，方便获得大量的统计数据。

项目建议

市场调研传统方式为线下选择受众发放纸质问卷并回收，现在更多使用线上调研软件进行，直接生成调研数据，更为科学、便捷。实际工作中也可以两者混合使用。

4.会展项目市场调研报告的撰写

市场调研报告是一种重要的商业文件，它汇总了市场调研的结果，提供了对特定市场、产品或服务的深入分析。一个有效的市场调研报告可以帮助决策者了解市场现状、识别趋势、评估竞争对手并制定相应的战略。

市场调研报告的基本结构和组成包括以下部分。

1）标题

简明扼要地概括报告的主题和内容。可以采用公文式标题，如《关于2024年中国智能手表市场调研报告》。

2）目录

如果报告较长，则需要一个目录，列出各章节的标题和页码。

3）概述/摘要

简要介绍报告的主要内容和结论。提供一个快速概览，让读者了解报告的关键内容。

4）引言

解释调研的目的、重要性和背景，介绍调研的时间、地点、内容、对象以及所使用的方法。

5）正文

- 市场概述：描述市场的规模、增长趋势、地理范围等。

- 目标受众分析：定义目标顾客群体，分析他们的特征、需求、行为和偏好。
- 竞争对手分析：分析主要竞争对手的产品、定价策略、市场份额、优势和劣势。
- 市场趋势和机会：探讨当前市场趋势和发展方向，预测未来的机遇和挑战。
- 消费者洞察：深入了解目标消费者的心理、需求、购买习惯和痛点。
- 定位和差异化策略：确定如何在市场上定位产品，并强调与竞争对手的不同之处。

6）结论与建议

总结调研的主要发现和结论。提出基于调研结果的战略建议。

7）附件

包含调研问卷、图表、技术细节说明等补充材料。

二、会展项目场地踩点

场地踩点指的是预先到某个地方进行考察，以便了解场地是否符合活动要求，为后面正式到这个地方开展工作做准备。

1. 进行场地踩点的基本步骤

1）目标明确

确定活动类型（会议、展览、演出等），明确活动规模和预期人数。

2）初步筛选

根据活动需求列出潜在的场地选项。考虑位置便利性、成本预算等因素进行初步筛选。

3）实地考察

- 外观与环境：观察场地外部环境、建筑风格。
- 内部结构：了解空间布局、可用面积。
- 设施设备：检查现有设施（如音响系统、照明系统、空调等）。
- 安全措施：评估消防设施、紧急出口等的安全条件。
- 技术支持：确认网络连接、电力供应等。
- 服务支持：了解餐饮服务、清洁服务等。
- 交通与停车：评估交通便利性和停车条件。

4）详细记录

使用相机或手机拍照记录重要细节。记录每个区域的尺寸和其他具体数据。注意任何特殊要求或限制条件。

5）沟通交流

与场地负责人沟通，了解租用条款、费用详情。询问是否有特殊规定或注意事项。

6）评估与反馈

根据考察结果对场地进行评分或排名。编写场地踩点报告，总结优缺点。

7）决策

根据综合评估结果做出选择。

2. 撰写场地踩点报告

撰写场地踩点报告是一项重要的准备工作，有助于确保活动或项目的顺利进行。场地踩点报告的基本框架和内容包括以下几部分。

1）报告标题

- 标题：明确报告的主题，例如"[活动名称]场地踩点报告"。
- 提交人：报告撰写人的姓名或团队名称。
- 提交时间：完成报告的具体日期。

2）报告概况

- 城市：明确活动所在的城市。
- 场地名称：踩点场地的全称和具体位置。
- 踩点时间：记录进行场地考察的具体日期和时间。
- 活动时间：预计活动的时间范围。
- 场地是否符合要求：基于考察的结果，判断场地是否适合活动。
- 踩点人员：列出参与场地考察的团队成员。

3）场地详细情况

- 外观与环境：描述场地的外观特征、周边环境。
- 内部布局：介绍场地的内部布局，包括各功能区域的位置、大小等。
- 设施设备：列出场地内现有的设施和设备，如音响、灯光、投影设备等。
- 安全评估：评估场地的安全性，包括消防设施、紧急出口等。
- 技术支持：描述场地的技术支持能力，如网络连接、电力供应等。
- 服务支持：介绍场地的服务支持情况，如餐饮、清洁等。
- 交通与停车：评估场地的交通便利性及停车条件。

4）交通情况
- 可达性：详细说明到达场地的主要交通方式，包括公共交通和自驾路线。
- 停车条件：详细描述场地附近的停车资源，包括停车场的位置和容量。

5）安全评估
- 安全设施：详细介绍场地内的安全设施，如监控摄像头、警报器等。
- 紧急应对措施：说明紧急情况下可用的设施和可采取的措施。

6）技术支持
- 网络连接：评估 Wi-Fi 覆盖范围及稳定性。
- 电力供应：确认电源插座的数量及备用电源方案。

7）成本预算
- 租金/费用：列出场地使用费及其他相关费用。
- 额外支出：如布置场地、技术设备租赁等额外费用。

8）优缺点分析
- 优势：场地的优势及特点。
- 劣势：可能存在的问题或限制。

9）结论与建议
- 结论：基于考察结果给出总体评价。
- 建议：针对发现的问题提出改进建议或备选方案。

10）附件
- 照片：提供场地内外的照片。
- 图纸：包括场地平面图、布局示意图等。

项目建议

> 场地对于本课程实训项目至关重要，作为学生项目，由于资金匮乏，建议与场地方进行项目合作，从而拿到场地免费使用权。

三、会展项目可行性分析

会展项目是否可以举办，还需要对该会展项目进行深入的可行性分析。会展项目的可行性分析是决策之前在仔细研究各种信息的基础上，对拟开展的会展项目进行全方位、系统、深入的研究分析，并对拟建项目的各种备选方案从运行可行性、经济合理性等角度进行详细的比较论证，最终形成对会展项目经济效益和社会效益的预测和评价。

1. 会展项目市场环境分析

会展项目可行性研究的第一步就是对会展项目市场的宏观环境和微观环境进行分析。

1）宏观环境分析

会展项目宏观环境是指对举办会展项目产生影响的各种环境因素，包括政治法律环境、社会经济环境、科学技术环境、社会文化环境等。

2）微观环境分析

会展项目微观环境是指对会展项目产生直接影响的组织、行为，以及相关因素的总和，包括会展项目主办方内部环境、参展单位、竞争企业、媒体和其他服务机构的影响。

2. 会展项目生命力分析

会展项目的生命力受多种因素影响，具体要考虑的方面有以下几点：

（1）会展项目发展空间：包括举办该项目所依托的产业空间、市场空间、地域空间、政策空间等。

（2）会展项目竞争力：包括会展项目定位的号召力、会展主办方的品牌影响力、参展商和观众的构成、会展价格、会展服务等。

（3）内部优势与劣势：包括企业经济实力、人才储备、客户关系、资源整合能力等。

3. 会展项目执行方案分析

会展项目执行方案分析主要是分析相关工作计划内容是否完备，相关措施是否能够保证会展项目目标的顺利实现。

1）会展项目基本信息分析

（1）会展项目名称、会展项目定位、会展项目题材、展品范围之间是否有冲突；

（2）举办时间是否符合该展品范围所在产业的特征；

（3）举办地点是否适合举办该展品范围的会展项目；

（4）会展主办方在计划的时间内能否举办如此规模和定位的会展项目；

（5）会展主办方对该展品范围所在的产业是否熟悉；

（6）会展定位与会展规模之间是否有冲突；

（7）现实资源条件和组织措施能否保证会展项目预期目标的实现。

2）招展计划、招商计划和宣传推广计划分析

招展计划、招商计划和宣传推广计划是会展项目筹备期间十分重要的三个执行方案，它们相互影响、相互依赖、相互制约。这三个方案执行的结果直接关系到会展项目参展商、赞助商、观众的数量和规模，关系到会展项目在参展商、赞助商、观众心目中的形象。

（1）招展计划主要分析利用哪些数据、成功案例、市场号召力及自我优势来打动参展商；

（2）招商计划分析主要针对赞助商，即赞助计划，分析利用哪些数据、成功案例、市场号召力、自我优势来打动赞助商；

（3）宣传推广计划分析主要包括线上线下的宣传推广优势，明确线上使用哪些平台，以及宣传推广时间及进度计划、宣传内容计划等。

3）会展项目财务分析

会展项目财务分析的主要目的，是分析计划举办的会展项目经济可行性，并为即将举办的会展项目制定资金使用规划。

（1）财务分析预测：在对计划举办的会展项目总体了解的基础上，对相关市场和执行方案进行充分调查，收集并预测会展项目财务分析所需要的各种基础数据。财务分析预测是决定整个会展项目财务质量和会展项目成败的关键。

（2）制订资金计划：根据财务分析和预测，筹措和安排举办会展项目所需要的资金投入量，为会展项目的前期资金投入提供保障。

4）风险分析

一般来说，举办会展项目可能面临的风险有四种：市场风险、经营风险、财务风险和合作风险，办展机构要通过对各种风险的评估，采取相应对策，尽量规避和降低可能遇到的风险。

（1）市场风险：对所有企业都产生影响的风险，如战争、自然灾害、瘟疫等。

（2）经营风险：由于办展机构经营方面的问题给会展项目带来的不确定性。

（3）财务风险：由于资金问题给办展机构财务带来的不确定性。

（4）合作风险：办展机构各单位之间、办展机构与场地方之间、办展机构与各服务商之间，在合作条件、合作目标和合作事务各环节上可能出现不协调、不一致和其他不确定性。

4. 会展项目可行性报告的撰写

会展项目可行性报告就是在对会展立项进行可行性分析的基础上完成的研究报告。如果会展项目立项通过可行性分析，证明已经具有举办会展项目的市场条件，且各种执行方案安排合理、切实可行，具有很强的操作性和很大的成功率，就可以通过该文件，正式进入会展项目的筹备阶段。

会展项目可行性报告包含以下内容。

1）总论

总论是综合叙述研究报告中各部分的主要问题和研究结论，并对该会展项目可行与否提出最终建议。

2）项目背景和发展概况

项目背景和发展概况包括会展项目的发起过程、目标和范围、提出的理由、前期工作的发展过程、有关项目主题的主要理念和其他相关性的背景资料。

3）项目规模和客源分析

项目规模和客源分析包括分析参展商、赞助商、观众等的来源和大致数量，从而显示出前期预测项目规模是否可行，是否确有充足的客源支撑，为后面的项目评价提供依据。

4）项目 SWOT 分析

运用 SWOT 分析方法，明确会展项目可利用的机会和可能面临的风险，主要内容包括市场环境分析和会展项目生命力分析。

5）会展执行方案分析

首先对会展项目举办的基本信息进行评估，其次对招展招商和宣传推广计划进行分析。

6）项目财务分析

项目财务分析主要是指资金管理，其对象是资金及其流转，通过对会展项目资金的筹集、运用和分配，对会展项目的经营状况进行综合性分析，主要包括成本预测、收入预测、盈亏平衡分析。

7）风险分析

风险分析包括市场风险分析、经营风险分析、财务风险分析和合作风险分析。

8）结论和建议

根据前面各部分的研究结果，对会展项目在技术上、经济上、社会效益上进行全面评价，对会展项目方案进行总结，提出结论性意见和建议。

课中实训

任务一　设计市场调研问卷

任务描述

学生以小组为单位，沿用本小组创建的会展项目，组长组织小组讨论，确定项目市场调研问卷的基本问题、专业问题和开放式问题等内容，要求组员积极参与，各抒己见。将讨论成果做成文本，并将要点记录在表1-1中。

表1-1　市场调研问卷设计工作单

类别	个人设计的调研问题	被小组采纳的调研问题
问卷设计		
个人工作记录	1. 讨论时间： 2. 个人提出问题数，被采纳的问题数。	

任务二　市场调研

任务描述

（1）进行项目市场调研实训，学生可以通过线上、线下等方式进行市场调研，要求每组的有效问卷为200份。

（2）根据问卷回收分析结果，撰写市场调研报告。请将调研成果做成文本，并将要点记录在表1-2中。

表1-2　市场调研工作单

类别	工作内容
发放问卷及回收数据	

续表

类别	工作内容
市场调研报告撰写工作	1. 负责人： 2. 参与人员：
个人工作记录	1. 工作时间： 2. 工作内容：

任务三　场地踩点

任务描述

（1）进行项目目标场地踩点实训，要求场地图片清晰完整，场地数据翔实准确。

（2）根据场地踩点数据，撰写场地踩点报告。请将研究成果做成PPT展示，并将要点记录在表1-3中。

表1-3　场地踩点工作单

类别	工作内容
场地基本信息	
场地踩点工作	1. 负责人： 2. 参与人员：
场地踩点报告撰写工作	1. 负责人： 2. 参与人员：
个人工作记录	1. 工作时间： 2. 工作内容：

任务四 撰写项目可行性分析报告

任务描述

根据市场调研、场地踩点等信息分析结果，撰写项目可行性分析报告。请将报告做成文本，并将要点记录在表1-4中。

表1-4 撰写可行性分析报告工作单

类别	工作内容
可行性分析报告工作任务内容	1. 文本汇总负责人： 2. 文本美化负责人： 3. 内容撰写（任务分配明细）：
个人工作记录	1. 工作时间： 2. 工作内容：

复盘反思

1. 知识盘点：通过对项目立项部分的学习和实践，你掌握了哪些知识点？

2. 方法反思：在完成本项目学习和实训的过程中，你学会了哪些分析和解决问题的方法？

3. 行动影响：在完成本项目学习和实训的过程中，你认为自己还有哪些地方需要改进？

实训评价

评价说明：

（1）教师、组长为组员实训评价，教师为组长实训评价（教师根据小组实训任务完成质量为组长实训评价）；组长评价表中的自评分与组长评分两栏的分值一致；

（2）实训评价分为技能点评价和素质点评价，分值分别为80分和20分，总分为100分；

（3）实训评价分值占比：学生自评分占比10%，组长评分占比60%，教师评分占比30%。

技能点评价表

评分项目			分值	评分标准	自评分	组长评分	教师评分
实训一调研立项技能点 80分	1.调研问卷工作 20分	问卷设计	16分	1.提供有效问题3个以上，得11—16分； 2.提供有效问题3个及以下，得4—10分； 3.参与问卷设计讨论但未提供问题，得3分； 4.未参与此项工作，得0分			
		问卷制作	4分	1.制作问卷，得4分； 2.未参与此项工作，得0分			
	2.市场调研工作 20分	问卷发放和回收	12分	1.发放和回收有效问卷50份以上，得7—12分； 2.发放和回收有效问卷50份及以下，得1—6分； 3.未参与此项工作，得0分			
		撰写市场调研报告	8分	1.整理调研数据，得1—5分； 2.整合文本，得5分； 3.文本美化，得3分； 4.参与提供资料，得1分； 5.未参与此项工作，得0分 （此项得分可累加，总分不得超过最高分值）			
	3.场地踩点工作 20分	场地踩点	14分	1.参与场地踩点、拍照、数据收集，得1—7分； 2.与场地方沟通，洽谈合作，得1—7分； 3.未参与此项工作，得0分 （此项得分可累加，总分不得超过最高分值）			

续表

评分项目			分值	评分标准	自评分	组长评分	教师评分
实训一 调研立项技能点 80分	3. 场地踩点工作 20分	撰写场地踩点报告	6分	1. 整合文本，得4分； 2. 文本美化，得3分； 3. 参与提供资料，得1分； 4. 未参与此项工作，得0分 （此项得分可累加，总分不得超过最高分值）			
	4. 可行性分析工作 20分	撰写可行性分析报告	20分	1. 整合文本，得10—15分； 2. 文本美化，得5分； 3. 参与提供资料，得1—10分； 4. 未参与此项工作，得0分 （此项得分可累加，总分不得超过最高分值）			
合计			80分				

素质点评价表

评分项目		分值	评分标准	自评分	组长评分	教师评分
实训一 调研立项素质点 20分	工作态度	7分	1. 积极主动、认真负责、服务意识优秀，得4—7分； 2. 工作懈怠、被动、推诿责任，得1—3分； 3. 有违规行为或者被投诉，得0分			
	团队精神	8分	1. 团队意识优秀，以大局为重，得4—8分； 2. 自我意识重，只讲获取，不讲奉献，得1—3分； 3. 分离团队，散播不利言论，得0分			
	遵章守纪	5分	1. 遵守规章制度，得5分； 2. 迟到早退和请假，得1—4分； 3. 无故缺课者，得0分			
合计		20分				

课后作业

作业说明：以小组为单位提交作业。

作业内容：

(1) 市场调研报告；

(2) 场地踩点报告；

(3) 项目可行性分析报告。

案例

学生实训项目案例

案例

实训二 项目策划

教学目标

1. 掌握会展项目策划的要点。
2. 掌握会展项目计划的内容。

能力目标

1. 能够根据会展项目主题策划出富有特色和新意的活动方案。
2. 能够独立完成会展项目进度、成本、质量和沟通计划的编制。

素养目标

1. 提升专业技能。
2. 培养团队协作能力。
3. 训练创新思维。

课前自学

一、会展项目活动方案策划

会展项目活动方案策划是综合性很强的工作,涉及多个方面的考量和规划。

(一)小型展销会方案策划

1. 确定展会主题和目标

确定展会主题和目标是首要的,例如展示特定行业的产品、推广品牌、促进销售等。

微课:会展项目活动方案策划

2.确定展会场地

确定展会场地,绘制展会平面图。

3.确定参展商和展品

根据展会主题和目标,邀请合适的参展商并明确展品范围。需要考虑参展商的实力、信誉和展品的质量、创新性等因素。

4.制定招展招商、宣传方案

制定招展方案、赞助方案、宣传方案等,包括传统媒体、网络媒体、宣传物料等宣传方式,以吸引更多的参观者和潜在客户。

5.制定活动方案

根据展会主题和目标,制定展会期间的活动方案,包括开幕式、产品展示活动,以及互动体验环节等。

6.制定组织方案

制定展会各项活动的组织、协调和监督方案,并同时规划招募志愿者以协助现场布置、秩序维护等的工作方案。

7.确定预算

根据各项活动的需求,制定详细的预算。

(二)节庆活动方案策划

1.活动策划书的作用(见图2-1)

活动策划书是活动前期准备工作中重要的一环。

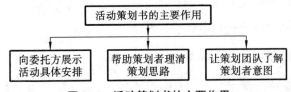

图2-1 活动策划书的主要作用

(1)让委托方或赞助方知道活动的安排布局是十分重要的,委托方了解活动执行者要干什么,准备怎么干,知道策划的活动是科学可行和可以实现的,才会信任活动策划者及其团队,这份信任正是活动能够顺利进行的基础。

(2)活动策划的步骤要有序合理,活动策划书可以直观地反映活动内容与活动流程的科学性,帮助活动策划者理清策划思路,及时修正策划内容中不科学和不符合活动目的部分和环节。

（3）活动策划书可以帮助活动策划团队对活动目标及意图达到思维同步，有助于团队成员之间的相互配合。

2. 活动策划要遵循的原则

1）一个主题原则

在进行活动策划工作时，只需要确定一个核心主题，并围绕此主题展开活动策划，千万不要在一个活动中嵌入多个主题，这样策划出来的活动可操作性非常低。

2）直明利益原则

一个优秀的活动策划方案，一般都会将对受众有利的方面直截了当地告诉受众，这样更容易吸引受众并让他们受到活动的积极影响。

3）真实可行原则

在进行活动策划的过程中，需要评估自身是否具有执行能力，缺乏执行能力的活动计划只不过是空谈，无法产生实际效果。执行能力可以从3个方面进行把控。

（1）考虑执行人员的情况；

（2）将活动安排周全；

（3）考虑外部环境问题。

另外，对于一些将执行能力充分进行规划的活动方案，还需防范意外情况，准备一个备选的执行方案。

4）创新活动原则

活动策划中的创新指的绝对不是标新立异、胡乱策划，需遵循以下几点。

（1）在合法的基础上力求新颖；

（2）在合理的基础上进行创作；

（3）在合情的基础上创造新意。

3. 活动策划的注意事项

活动策划不是一个简单的工作，在复杂的活动环节中有许多细节问题需要注意，只有从细节到整体都力求完美的活动，才是能让人真正满意和赞赏的活动。

1）活动策划书需要规范

在活动进行前，需要撰写活动策划书，下面将介绍活动策划书常见的撰写规范。

（1）活动名称。一般来说，在策划书上，活动名称主要包含3点：时间、活动主题、地点（见图2-2）。

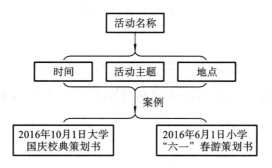

图 2-2 活动名称及包含内容

（2）活动主题。一般来说，活动主题应控制在 300 个字以内，其中需包括活动的目的和意义，务必要用精练的语言，让活动相关人员快速了解整个活动的核心内容。

（3）活动开展。在活动策划书中，活动的开展内容及要求如图 2-3 所示。

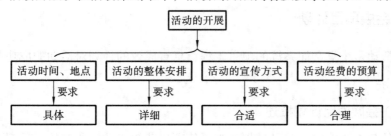

图 2-3 活动的开展内容及要求

2）活动互动环节

在活动整体安排中合理穿插互动环节。

活动的人流量对活动的效果有着十分重要的影响，大量的人流量能扩大活动的效果（见图 2-4）。

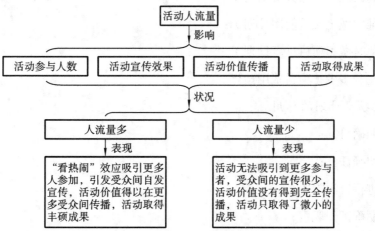

图 2-4 活动人流量对活动的影响

因此，在活动安排中不仅仅要考虑如何吸引受众，还要考虑留住受众的方法，确保人流量保持增加或稳定的状态。通常可用以下方法吸引及留住受众。

（1）赠送小礼品。这种方法的好处是操作简单，执行方便，小礼品价值不用很高，所以可大量赠送。

（2）抽奖活动。一般在活动中嵌入抽奖环节，奖品价值较高。

（3）互动小游戏。一般在露天场地进行的活动经常运用有趣味的互动环节吸引观众，参与者可获赠小礼品。

项目建议

项目活动中互动环节尽可能与赞助商、场地方进行合作，这样不仅能获得赞助物品，而且能增加活动曝光度和影响力。

二、会展项目计划

会展活动是个复杂而系统的项目工程，卓有成效的计划对活动的成功起着至关重要的作用。

（一）会展项目计划概述

管理的基本职能之一就是计划。为了使项目获得成功，所有的项目都要事先制订计划。

1. 会展项目计划需解决的问题

（1）项目做什么（会展项目目标）；

（2）如何做（工作分解结构图）；

（3）谁去做（人员使用计划）；

（4）何时做（项目进度计划）；

（5）花费多少（项目费用预算）。

2. 会展项目计划的作用

（1）明确目标；

（2）明确任务；

（3）进行资源配置；

（4）明确工作职责；

（5）掌控项目进展。

3. 会展项目计划的内容

（1）项目人员岗位说明（项目成员表）；

（2）项目计划目标（项目任务书）；

（3）执行控制层面上的工作分解结构（项目任务分解表）；

（4）项目进度计划（项目时间进度表）；

（5）危机计划（项目风险管理表）；

（6）项目沟通计划（项目沟通计划表）；

（7）项目预算（项目预算表）。

（二）会展项目计划的编制

在项目管理中，计划编制是最复杂的阶段。编制一个具有现实性和实用性的项目计划，需要在项目计划编制过程中充分了解完成项目需要做哪些详细的活动和每项活动需要花费的时间、成本。

1. 项目人员岗位说明（项目成员表见表2-1）

项目人员岗位说明对于确保项目的顺利进行至关重要。它不仅有助于明确各个团队成员的角色和责任，还能提高团队协作效率和项目成功的概率。以下是项目人员岗位说明的几大核心意义。

微课：项目计划编制——成员表与任务书

1）明确职责

岗位说明明确了每个团队成员的具体职责，这有助于减少混淆和重叠，确保每个人都知道自己的工作重点是什么。

2）提升效率

清晰的职责分配可以避免任务重复或遗漏，从而提高团队的整体工作效率。

3）促进沟通

通过定义每个角色的任务和期望，可以促进团队成员之间的有效沟通，确保信息的准确传递。

4）优化资源配置

根据岗位说明合理分配资源，确保关键任务得到适当的关注和支持。

5）改善团队协作

当每个人都清楚自己的角色和他人的工作职责时，团队协作将变得更加顺畅。

6）提高责任感

明确的岗位职责可以增强个人的责任感，鼓励团队成员对自己的工作成果负责。

7）便于监督和评估

通过岗位说明，项目经理和其他管理人员可以更好地监督进度和质量，同时也便于对团队成员的表现进行客观评估。

表 2-1 项目成员表

2022 杭州首届 CFD 高校街舞大赛项目成员表			
项目组核心成员			
序号	成员姓名	部门	职责
1	彭娟	项目经理	项目总体管理，制订项目计划，分配任务，成员工作总结，活动报告，项目成员工作考核
2	张柯	策划组	修改活动内容，策划方案的整合与优化，对活动方面进行分析报告
3	张文雅	财务组	负责财务管理，对活动进行财务预算，活动物料的购买报销
4	何方霞		
5	童丽丽	宣传组	负责项目前中后期的线上线下宣传，负责拍摄现场工作照片、活动照片，制作成果短片
6	韦思奇	公关组	负责项目赞助商和供应商、客户的管理，与场地方协商
7	钱依	执行组	负责活动物料管理、现场管理，维持活动现场的秩序和项目运行情况，及时处理应急状况
8	徐灏哲		
9	李嘉颖	技术组	各类文件的 VI 制作，相关 PPT 制作，项目成果册设计

2. 项目计划目标（项目任务书见表 2-2）

会展项目任务书是会展项目管理中非常重要的文件之一，它为项目的实施提供了指导性的框架。

1）含义

项目目标是项目最重要的一个要素，它定义了这个项目最终完成的是什么。

2）作用

确定了会展项目目标也就定义了项目的边界。

表 2-2 项目任务书

2022 杭州首届 CFD 高校街舞大赛项目任务书			
制作人：徐灏哲	项目经理：彭娟		制作时间：2022 年 11 月 3 日
项目描述			
1. 项目背景与目的			
1) 背景 随着街舞文化的流行，街舞深受青少年的喜爱。在大学校园中，许多舞蹈社团应运而生。街舞作为青少年所喜欢的文化体育活动，成为校园里的一种艺术文化。项目借助下沙大学城的地理优势，融入各种潮流元素，旨在打造一场别具一格的街舞交流赛事。 2) 目的 (1) 与更多的高校舞者一起凝聚舞蹈情，共筑钱塘梦，为打造杭州高校街舞赛事 IP 化做出一定贡献，将街舞文化的精神内涵传递给年轻一代。 (2) 完成会展综合实训课程目标。			

续表

2. 项目目标（包括项目质量目标、时间目标、费用目标、项目规模和交付产品）
(1) 在2022年11月底前完成此次项目，从前期的立项调查到后期客户关系的维护，以及为下一年第二届大赛的举办打下基础； (2) 此次比赛的项目经费不能超过项目预算，并实现盈利3000元； (3) 此次比赛的参赛选手总数量超过100人，参赛的杭州高校数量超过15所； (4) 项目核心成员在此次比赛中能够收获和成长； (5) 项目结束形成项目成果册、项目记录短片。
评估标准（说明项目成果，项目在何种情况下被接受）
(1) 无论发生什么情况，比赛都应正常举办(11月12日)； (2) 活动期间，与学校、合作单位、场地方、供应商友好协调，杜绝出现与其中任何一方发生较大矛盾； (3) 活动期间，项目成员都应服从安排，完全遵循任务安排表和时间进度表进行工作，杜绝出现偷懒、拖延的现象；成员之间多沟通，互帮互助，团结一心，不得内讧，不得欺骗隐瞒；活动现场一切听从上级指挥，根据现场任务安排表的安排工作，不得擅自离开岗位，确保活动顺利进行； (4) 项目最终盈利保证在3000元以上； (5) 完成项目成果册。

3. 项目任务分解表

会展项目任务分解表（见表2-3）是会展项目管理中的一项重要工具，它将整个项目分解成一系列可管理和可执行的任务。

1）含义

项目任务分解表是一种用于将项目分解为可管理和可执行的任务的工具。

2）作用

通过任务分解表格，项目团队可以清晰地了解每个任务的进度和状态，以及对应负责人。这对于项目管理来说是非常有用的工具。

3）项目任务分解表的编制

项目一般被分解为若干个任务，每个任务都有唯一的序号、名称、描述、时间安排、负责人。

微课：项目计划编制——任务分解表与时间进度表

表2-3 项目任务分解表

项目	项目	事件大类	负责人	序号	具体事项	截止时间	备注	具体负责人	成员
前期	实训一 调研立项	市场调研	潘禹彤	1	问卷设计	8.25		潘禹彤	小组全体成员
				2	发布分散问卷	8.25		潘禹彤	小组全体成员
				3	收集数据	8.27		潘禹彤	小组全体成员
				4	统计分析	8.27		潘禹彤	小组全体成员
				5	撰写市场调研报告	8.28		潘禹彤	小组全体成员
		可行性分析	王梦娜	1	撰写可行性分析报告	8.28		王梦娜	小组全体成员
		项目立项	王梦娜	1	确定项目时间	8.26		王梦娜	小组全体成员
				2	确定场地主办方等	8.26		王梦娜	小组全体成员
		场地	陈信汝	1	申请场地	9.17		陈信汝	小组全体成员
	实训二 项目策划	策划方案	董澎晖	1	设置总体活动流程大纲	8.30		陈溪枫	小组全体成员
				2	编写活动策划草案	9.5		董澎晖	小组全体成员
		项目计划	王梦娜	1	编写项目组成员表	9.13		王梦娜	小组全体成员
				2	编写项目简要策划	9.7		董澎晖	小组全体成员
				3	编写任务分解表	10.14		王梦娜	小组全体成员
				4	编写时间进度表	10.14		王梦娜	小组全体成员
				5	编写风险管理表	10.14		董澎晖	小组全体成员
				6	编写项目沟通计划	10.15		王梦娜	小组全体成员
				7	编写项目会议记录	10.31		潘禹彤	小组全体成员
				8	编写项目状态报告	10.31		王梦娜	小组全体成员
				10	编写项目总结表	11.4		王梦娜	小组全体成员
		财务预算	唐蒿	1	编写物料清单	9.17		陈信汝	小组全体成员
				2	编写财务预算表	9.17		唐蒿	小组全体成员

续表

				1	撰写招展招商计划	9.27	董澎辉	小组全体成员
中期	实训三 项目营销	展商准备	唐禹	2	收集客户信息	10.10	潘禹彤	小组全体成员
				3	招展招商洽谈	10.20	唐禹	小组全体成员
				4	撰写参展申请表	10.20	董澎辉	小组全体成员
				5	撰写合同协议书	10.20	董澎辉	小组全体成员
		宣传准备	彭科	1	宣传物料设计	10.25	彭科	小组全体成员
				2	线上软文设计	10.31	徐雨晴	小组全体成员
		活动准备	陈信汝	1	表演节目联系	10.20	陈信汝	小组全体成员
				2	桌椅租赁供应商联系	10.20	陈莲枫	小组全体成员
				3	展台租赁供应商联系	10.20	陈信汝	小组全体成员
				4	喷绘、X展架、工作证制作	10.20	陈信汝	小组全体成员
				7	音响、话筒、对讲机、摄像机租赁	10.20	陈信汝	小组全体成员
				8	志愿者招募	10.20	陈莲枫	小组全体成员
				9	场地划分	10.20	陈莲枫	小组全体成员
	实训四 项目执行	现场管理	王梦娜	1	场地搭建管理	10.31	董澎辉	小组全体成员
				2	设备管理	10.31	陈莲枫	小组全体成员
				3	现场秩序管理	10.31	王梦娜	小组全体成员
				4	嘉宾管理	10.31	陈信汝	小组全体成员
				5	撤展管理	10.31	董澎辉	小组全体成员
后期	实训五 项目收尾	活动总结	王梦娜	1	效益评估	11.30	董澎辉	小组全体成员
				2	项目总结	11.30	王梦娜	小组全体成员

4. 项目进度计划（项目时间进度表见表2-4）

项目进度计划是项目管理中非常重要的组成部分，它对于确保项目按期完成具有至关重要的作用。

1）会展项目进度计划概述

每一个项目都有明确的进度要求，必须确保项目在指定的时间内完成目标。

2）会展项目活动定义

活动是项目过程中最基本的工作单元。

3）会展项目活动时间估算

为确保会展项目以合理的进度执行，使会展企业和客户在有限成本约束下实现最大的效率，会展企业需要科学地估算承办某主题项目可能需要的时间。

（1）影响会展项目活动时间的因素：

- 工作能力和效率；
- 目标计划的调整；
- 突发事件。

（2）会展项目时间估算的方法：

- 经验类比法；
- 专家判断法；
- 资料统计法。

会展项目时间估算的目的，是为了对分解出来的项目活动的完成时间进行估计，从而制订出完整的计划，确保项目目标的实现。

4）制订会展项目进度计划

在确定了会展项目的活动顺序和时间估算后，就可以开始制订会展项目的进度计划。

表 2-4　项目时间进度表

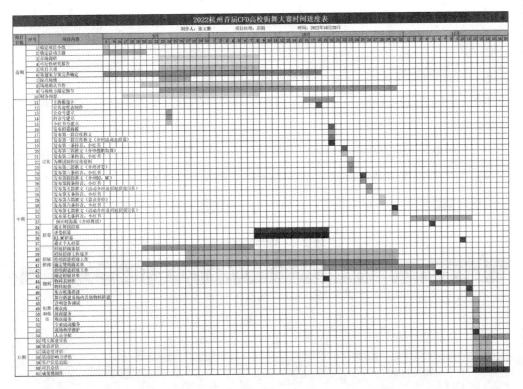

5. 项目风险管理（项目风险管理表见表 2-5）

会展活动举办中充满着各种不确定性，作为会展业从业者，认识到这一点将对我们有效地管理会展活动中的不确定性是非常重要的。

1）建立风险意识

要想在会展项目管理中提高风险管理的效果，首先要在会展项目的组织者中，特别是主要的管理人员中建立起风险意识，使大家对风险有共同的认识。

（1）事先就采取积极的预防态度是最有效的风险管理策略；

（2）认识到风险管理是取得成效的办法；

（3）充分认识在会展组织中长期开展风险管理的必要性。

2）什么是风险

（1）风险是一种不确定性。会展项目中的风险是指会展活动举办过程中，不期望得到的项目结果出现的可能性，或者是希望得到的结果不出现的可能性。

（2）风险来源。因为会展活动的独特性，决定了会展项目存在某种不确定性，这种不确定性可能会对会展项目的目标构成影响。

微课：项目计划表——风险管理表

3）编制风险管理计划

编制具有可执行性的风险管理计划是风险管理工作的基础之一，包括风险识别、风险分析。

（1）风险识别是识别会展项目的组织过程中，辨识哪些不确定因素对项目目标的实现会构成威胁，以及哪些不确定因素可能会对项目目标的实现产生积极影响或促进作用。

（2）风险分析是进一步地确定风险事件发生的可能性、风险影响的可能性，依据风险的期望损失值就可以对被识别风险进行排序，哪些风险在会展项目举办过程中是重要的影响也就一目了然了，这就为进一步制订风险应对策略奠定了基础。

表2-5 项目风险管理表

2022杭州首届CFD高校街舞大赛风险管理表					
高风险：>60%发生风险的可能性					
中风险：30%—60%发生风险的可能性					
低风险：<30%发生风险的可能性					
序号	风险描述	发生概率	影响程度	风险等级	风险应急措施	责任人
1	赞助商数量不足，导致活动资金欠缺	高	极大	高	1.立项之后，大面积进行招商； 2.编写合理有创意的招商招展方案以及宣传推广方案等； 3.尽可能多渠道寻找赞助商	韦思奇
2	参赛选手过少导致比赛不能达到预期效果	高	极大	高	1.不断邀请杭州各高校街舞爱好者参加比赛； 2.利用各方渠道进行招募； 3.为选手们提供较好的福利和服务	徐灏哲
3	场地方发生意外	高	大	高	1.事先去商场沟通审批场地； 2.根据活动场地来确定相应的活动方案； 3.与商场持续保持联系，定期汇报项目进度； 4.准备备选方案	彭娟
4	协办方临时拒绝出资，导致活动无法开展	高	大	高	1.与协办方密切沟通，定期汇报项目进度； 2.尽可能满足协办方需求； 3.尽早提问协办方能否提供活动物料等赞助方案； 4.反复确认，达成协议	彭娟

续表

序号	风险描述	发生概率	影响程度	风险等级	风险应急措施	责任人
5	天气原因导致场外集市无法运营	高	中	中	1. 提前做好防风防雨准备； 2. 提前告知商家做好心理准备	张柯
6	物料不能及时供应	中	高	中	1. 提前购买物料，避开双11； 2. 做好备选方案	张文雅
7	招展竞争压力大或展商突然撤展，导致集市无法正常运营	中	中	高	1. 项目组成员分组进行大面积招展； 2. 将目标展商范围扩大，接触更多的商家并进行洽谈； 3. 利用媒体网络进行招募工作； 4. 为商家提供一定福利	童丽丽
8	现场出现矛盾争吵，导致活动现场混乱	中	中	中	1. 安排人员巡逻，及时发现问题并解决； 2. 先进行调节，若无效，则及时寻求保安人员帮助	李嘉颖
9	参赛选手出现扭伤等意外	中	低	中	1. 现场配备医疗物资； 2. 及时送往就近医院	何方霞
10	活动当天工作人员没有做好自身工作，不听从安排执行相应工作，导致当天效果不佳	低	中	低	1. 提前做好执行方案； 2. 如若发生及时进行劝告和解决问题	钱依

4）会展项目风险应对策略

风险应对策略主要是针对风险分析中关键的会展项目风险，由于项目资源的有限性，不可能为所有的风险都分配资源，因此，只能把资源分配给关键的会展项目风险，这样才能取得很好的风险管理效果。

（1）避免风险。避免风险就是要避免风险事件，主要是通过改变会展项目计划来避免风险事件，采用这种办法就意味着放弃某些会展项目工作，从而把会展项目目标与风险隔离。

（2）预防或减少损失。采用这种风险措施的主要目的是通过具体的办法影响风险的产生原因和风险后果，从而实现减少损失的目的。

（3）接受风险。对那些影响比较小的风险事件，可以采取接受风险策略，即对这种风险不采取任何措施，但是，需要在会展项目成本中计划出应急储备，如果风险发生，就可以利用应急储备管理风险引起的损失。

（4）共担风险。通过与能够承受会展项目风险或者有经验管理风险的组织合作，来降低风险发生的可能性。比如，由多个投资者共同组织某一个会展项目就是典型的共同分担投资风险的例子。

（5）保险。会展项目保险是会展项目管理中的一项重要措施，购买保险可以转移会展过程中可能遇到的风险，帮助减轻因意外事件造成的经济损失，确保项目的顺利进行。

6. 项目沟通计划（项目沟通计划表见表2-6）

良好的沟通计划对于项目的成功至关重要，它确保了项目团队成员、利益相关者以及其他参与者之间的有效沟通。

沟通过程就是发送者将信息通过选定的渠道传递给接收者的过程，图2-5描述了一个简单的沟通过程。

微课：项目计划编制——沟通计划表与项目预算表

编制会展项目沟通计划需要注意3点。

（1）沟通要素；

（2）沟通的主要方式；

（3）确定会展项目沟通计划的内容。

表2-6　项目沟通计划表

2022杭州首届CFD高校街舞大赛沟通计划表					
制作人：张文雅		项目经理：彭娟		制作时间：2022年11月3日	
项目沟通计划表					
序号	利益干系人	所需信息	交付物	沟通频率	沟通渠道	负责人
1	王东（项目指导老师）	周工作总结，让老师了解项目进程，存在的问题以及处理方法	项目周报	每周四	电子邮件	彭娟
2	王东（项目指导老师）	项目工作进度，每周总结及计划	项目沟通计划表	每周四	当面汇报	彭娟
3	金沙印象城经理	总体方案实施，项目进度汇报，确认物料及礼品，确认最终活动流程	项目总策划案、项目时间进度表、项目物料表、部分VI设计	每周二	当面汇报电子邮件即时消息应用	彭娟、徐灏哲、张文雅、韦思奇
4	搜酷街舞机构主理人	总体方案实施，项目进度汇报，确认物料及礼品，确认最终活动流程	项目总策划案、项目时间进度表、项目物料表、部分VI设计	每周二	当面汇报电子邮件即时消息应用	彭娟、徐灏哲、张文雅、韦思奇
5	搭建商（供应商）	对活动的搭建要求，需购买的物料让搭建方知悉	物料清单	不定期	电子邮件即时消息应用	张文雅、何方霞

续表

序号	利益干系人	所需信息	交付物	沟通频率	沟通渠道	负责人
6	赞助商	确认商家提供的赞助形式与内容后为商家进行宣传	赞助礼品	不定期	电子邮件即时消息应用	韦思奇、张文雅
7	彭娟（项目经理）	项目周报	个人项目周报	不定期	电子邮件	彭娟
8	宣传组成员	线上线下宣传方案以创造更大的影响力	宣传方案、公众号推文、小红书及抖音账号运营	不定期	当面汇报电子邮件即时消息应用	童丽丽、张柯
9	财务组成员	物料购买，负责项目所有收入与支出	财务预算表、物料表	不定期	当面汇报电子邮件即时消息应用	张文雅、何方霞
10	执行组成员	安排现场表演人员名单、现场人员分配、活动流程	现场人员分配表、项目整场演出安排表	不定期	当面汇报电子邮件即时消息应用	钱依、徐灏哲
11	策划组成员	确定策划方案，活动具体内容，形式使内容更加明确具体	策划案	不定期	当面汇报电子邮件即时消息应用	张柯
12	设计组成员	项目所有VI设计	海报、工作证、舞台背景、主KV、文件封面、集市门头、签到拍照墙、奖金KV板	不定期	当面汇报电子邮件即时消息应用	李佳颖
13	项目核心成员（彭娟、张柯、张文雅、韦思奇、童丽丽、李佳颖、钱依、何方霞、徐灏哲）	总体进展，重大关键进展，方案计划，全部工作安排，工作事项分配，当前重大问题	Word、Excel	不定期	当面汇报电子邮件即时消息应用	全体人员
14	工作人员	活动当天任务安排，活动流程表，时间进度表，各岗位所需文案	Word、Excel	不定期	当面汇报电子邮件即时消息应用	全体人员

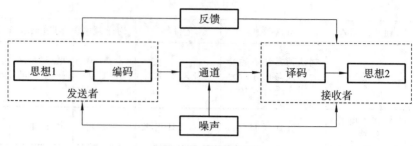

图 2-5 沟通过程

7. 会展项目成本计划（项目预算表见表 2-7）

会展项目预算是会展项目管理中的关键组成部分，它有助于确保项目的财务健康。一个完整的会展项目预算应该包括所有预期的收入和支出，以及如何管理这些财务资源。

1）制定会展项目预算的要点

（1）确定预算目标。确保项目在预定的财务范围内完成。

（2）成本估算。详细列出项目中所有预期的费用项，包括但不限于场地租赁费用、搭建费用、宣传费用、人员成本等。

（3）收入预测。如果会展项目有门票销售、赞助等其他收入，也需要进行预测。

（4）预算编制。根据成本估算和收入预测，编制详细的预算计划，包括预算总额、各项费用的预算金额等。

2）会展项目成本估算方法

（1）收集和整理资料。

（2）确定会展项目所需资源的种类与数量。

（3）会展项目成本估算可采用经验估算法、自上而下估算法和自下而上估算法。

表 2-7 项目预算表

2022 杭州首届 CFD 高校街舞大赛预算表			
举办地：杭州金沙印象城		举办时间：2022.11.12	
注：整张表格以元为单位			
1. 营业收入总额：7500 元			
序号	科目名称	金额/元	备注
1.1	赞助收入	3000	—
1.2	集市收入	3000	500 元/家
1.3	个人报名费	1500	30 元/人

续表

| \multicolumn{5}{c}{2. 营业支出总额：6178 元} |
序号	科目名称		金额/元	备注
2.1	活动场租及其他费用	2.1.1 场地租金	—	场地方提供
		2.1.2 地板、地贴	—	搜酷机构提供
		2.1.3 舞台搭建费用	—	场地方提供（舞台尺寸9.6 m×8.4 m）
		小计	—	—
2.2	宣传费用	2.2.1 画架展架	—	主办方提供
		2.2.2 海报KT板	108	1个/13.5元（8个）尺寸：60 cm×90 cm
		2.2.3 抖音、小红书、公众号宣传	—	自己制作宣传视频推广或找抖音红人推广，朋友圈推广为主
		2.2.4 网红宣传	—	朋友圈宣传或私人账号宣传
		2.2.5 资料打印	300	整场活动
		2.2.6 成果册	1000	活动现场照片
		小计	1408	—
2.3	现场物料费用	2.3.1 盲盒墙及装饰	—	场地方提供
		2.3.2 拍照签到墙	—	搜酷机构提供
		2.3.3 盲盒盒子	—	场地方提供
		2.3.4 盲盒礼品	—	主办方/场地方/赞助方
		2.3.5 个人奖金	1350	按报名费的比例分发
		2.3.6 舞团奖金	—	搜酷机构提供一共3500元
		2.3.7 选手号码牌	35	35元100个，尺寸10 cm
		2.3.8 入场手环	88	350个
		2.3.9 集市门头KT板	135	7.5元/个（18个），尺寸100 cm×30 cm
		2.3.10 工作证	88	工作证40个，评委证3个
		2.3.11 礼品袋	204	300个
		2.3.12 伴手礼礼品	1500	300份（零食+日用品）
		2.3.13 其他物料	100	
		小计	3500	—

续表

序号	科目名称	金额/元		备注
2.4	演出费用	2.4.1	DJ费用 —	搜酷机构提供
		2.4.2	MC费用 —	搜酷机构提供
		2.4.3	评委费用 —	搜酷机构提供
		2.4.4	表演嘉宾费用 —	搜酷机构提供
		小计	— —	
2.5	后勤保障费	2.5.1	饮食支出 520	饭13元，40人（暂定）
		2.5.2	交通费 400	团队人员交通费用
		小计	— 920	—
2.6	其他费用	2.6.1	不可预见的开支 350	按成本的6%计算（大约）

3. 营业利润总额：1322元

课中实训

任务一　撰写项目总体策划方案

任务描述

（1）学生以小组为单位，沿用本小组在实训一创建的会展项目，组长组织小组讨论，确定项目具体活动方案、活动流程、活动宣传方案、活动赞助方案、活动预算等内容；请将讨论成果做成文本，并将要点及个人工作内容记录在表2-8中。

（2）根据讨论成果撰写项目总体策划方案，主要包含以下模块：活动基本信息、活动具体方案、活动招商方案、活动宣传方案、活动管理方案、活动预算等。

表2-8　项目方案制定记录

类别	内容
总体策划方案讨论要点记录	
总体策划方案工作任务内容	1. 文本汇总负责人： 2. 文本美化负责人： 3. 内容撰写（任务分配明细）：

续表

类别	内容
个人工作记录	1. 工作时间： 2. 个人提出的建议： 3. 个人撰写的内容：

任务二　编写项目计划

任务描述

根据项目总体策划方案，编写项目计划，并将个人工作内容记录在表 2-9 中。

表 2-9　项目计划编写记录

类别	撰写人
项目成员表	
项目任务书	
项目任务分解表	
项目时间进度表	
项目风险管理表	
项目沟通计划表	
项目预算表	
个人工作记录	1. 工作时间： 2. 个人提出的建议： 3. 个人撰写的内容：

复盘反思

1. 知识盘点：通过对项目立项部分的学习和实践，你掌握了哪些知识点？

续表

2.方法反思：在完成本项目学习和实训的过程中，你学会了哪些分析和解决问题的方法？
3.行动影响：在完成本项目学习和实训的过程中，你认为自己还有哪些地方需要改进？

实训评价

评价说明：

（1）教师、组长为组员实训评价，教师为组长实训评价（教师根据小组实训任务完成质量为组长实训评价）；组长评价表中的自评分与组长评分两栏的分值一致；

（2）实训评价分为技能点评价和素质点评价，分值分别为80分和20分，总分为100分；

（3）实训评价分值占比：学生自评分占比10%，组长评分占比60%，教师评分占比30%。

技能点评价表

评分项目			分值	评分标准	自评分	组长评分	教师评分
实训二项目策划技能点 80分	1.项目方案策划工作 40分	方案策划	25分	1.参与方案讨论，得1—10分； 2.提出并被采纳关键创意，得5—15分； 3.未参与此项工作，得0分 （此项得分可累加，总分不得超过最高分值）			
		方案制作	15分	1.整合文本，得5分； 2.整理数据、图表，得1—5分； 3.文本美化，得1—5分； 4.参与提供资料，得1—5分； 5.未参与此项工作，得0分 （此项得分可累加，总分不得超过最高分值）			
	2.项目计划制作工作 40分	项目计划设计	25分	1.参与项目计划讨论，得3—25分； 2.项目状态汇报，得5分； 3.未参与此项工作，得0分 （项目计划及项目状态共8项，根据组员参与的数量多少、建议的有效性，组长给定得分） （此项得分可累加，总分不得超过最高分值）			

续表

评分项目			分值	评分标准	自评分	组长评分	教师评分
实训二项目策划技能点 80分	2.项目计划制作工作 40分	项目计划表制作	15分	1. 制作计划表，得2—12分； 2. 文本美化，得1—5分； 3. 参与提供资料，得1—5分； 4. 未参与此项工作，得0分 （此项得分可累加，总分不得超过最高分值）			
合计			80分				

素质点评价表

评分项目		分值	评分标准	自评分	组长评分	教师评分
实训二项目策划素质点 20分	工作态度	7分	1. 积极主动、认真负责、服务意识优秀，得4—7分； 2. 工作懈怠、被动、推诿责任，得1—3分； 3. 有违规行为或者被投诉，得0分			
	团队精神	8分	1. 具有团队意识，以大局为重，得4—8分； 2. 自我意识重，只讲获取，不讲奉献，得1—3分； 3. 分离团队，散播不利言论，得0分			
	遵章守纪	5分	1. 遵守规章制度，得5分； 2. 迟到、早退和请假，得1—4分； 3. 无故缺课者，得0分			
合计		20分				

课后作业

作业说明：以小组为单位在课程平台上提交作业。

作业内容：

（1）总体策划方案；

（2）项目计划，包含项目成员表、项目任务书、任务分解表、时间进度表、项目危机管理表、沟通计划表、财务预算表。

案例

学生实训项目案例

案例

实训三 项目营销

教学目标

1. 掌握展会项目招展招商方案的具体内容。
2. 掌握宣传推广渠道的种类、途径及实施成本。
3. 掌握管理客户危机的方法。

能力目标

1. 能够根据展会项目主题撰写项目招展招商方案。
2. 能够根据展会项目主题撰写项目宣传方案。
3. 能够对项目客户进行精细化管理。

素养目标

1. 严谨翔实的材料准备意识。
2. 真诚沟通的态度。
3. 团队合作意识。

课前自学

一、展会项目招展

1. 展会项目招展的意义

招展是展会项目管理中的一个重要环节,其意义在于确保展会的成功举办并达

微课:展会项目招展

到预期的目标。以下 3 点是展会项目招展的主要意义。

1）吸引参展商

招展工作旨在吸引足够数量和高质量的参展商参与展会，这对于提升展会的专业性和吸引力至关重要。

2）确保展会质量

通过招展可以确保展会的参展商与展会主题紧密相关，保证展会的专业性和内容的质量。

3）扩大影响力

吸引更多的参展商可以增加展会的知名度和影响力，吸引更多观众和媒体的关注。

2. 展会项目招展的方法

招展的方法涉及多种策略，旨在吸引尽可能多的高质量参展商参与展会。以下是一些常用的招展方法。

1）直接联系

- 电话沟通：通过电话直接与潜在参展商沟通，介绍展会详情并回答他们的问题。
- 电子邮件：发送个性化邮件，提供详细的招展信息和参展价值。

2）社交媒体和在线推广

- 社交媒体：利用社交媒体平台发布招展信息。
- 官方网站：建立展会专用网站，提供在线报名和展位预订功能。
- 电子邮件营销：通过邮件向潜在参展商发送定期更新的展会信息。

3）行业合作伙伴

- 行业协会：与行业协会合作，利用他们的资源推广展会。
- 商会：与地方商会合作，接触更多潜在参展商。
- 合作伙伴：寻找与展会主题相关的公司或组织作为合作伙伴，共同推广。

4）参加行业活动

- 行业会议：参加相关的行业会议，与潜在参展商面对面交流。
- 其他展会：参加相关领域的其他展会，向参展商推广自己的展会。

5）广告和宣传

- 行业媒体：在行业杂志、报纸和网站上投放广告。
- 户外广告：使用户外广告牌、公交广告等方式进行宣传。
- 宣传册和海报：制作宣传册和海报，分发给潜在参展商。

3. 撰写展会项目招展书

撰写招展书是展会项目招展工作中的一个重要步骤，它旨在吸引潜在参展商加入展会。一份好的招展书应当内容详细、专业且具有吸引力。下面介绍一份招展书的撰写指南及示例结构：

（1）封面：包括展会名称、举办时间、举办地点以及主办单位信息。

（2）目录：列出招展书的主要章节和页码。

（3）前言：简短介绍展会的目的、主题和重要性。

（4）展会概况：详细介绍展会的历史、规模、以往的成功案例等背景信息。描述本次展会的目标、主题和亮点。

（5）参展商价值：强调参展对于企业的价值，包括品牌曝光、业务拓展、行业交流等。

（6）观众概况：描述预期观众的构成，包括行业分布、职位级别等。预测观众数量。

（7）展位信息：提供展位布局图，标明展位大小、位置等信息。列出不同展位的价格和配套服务。

（8）宣传与推广：介绍展会的宣传渠道，如社交媒体、行业媒体、合作伙伴等。描述展会的营销计划和预期效果。

（9）参展流程：解释参展申请、展位选择、付款流程等步骤。提供联系方式和常见问题解答。

（10）参展须知：列出参展商需要遵守的规定，如搭建规则、撤展时间等。提供参展商手册下载链接。

（11）附录：包括参展申请表、展位预订表等。

（12）结束语：表达对参展商参加展会的期待，并提供联系方式。

二、展会项目赞助

赞助对展会项目的作用非常重要，它不仅为展会项目提供财务支持，还能够为展会增添额外的价值。

1. 开发商业赞助商

开发赞助商需要展会项目组织者精心运作，仔细调研，具体程序如下。

1）进行市场调研

开发赞助商之前都应做好深入细致的调查研究，调查展会项目组织自身的公共

微课：展会项目赞助

关系状况、经济状况、赞助活动的影响、被赞助者的公共关系状况等。在此基础上，研究赞助项目的必要性、可行性和有效性。

2）开发赞助商

开发赞助商有两种方式：一是社会公开方式；二是内部定向方式。

社会公开方式是指展会项目组织者公开向社会各类企业、机构或个人招标，以获取商业赞助的方式。以这种方式获取的赞助具有不确定性，所获取的赞助取决于展会项目自身的影响力以及能给赞助商带来的商业回报，而且所需准备时间较长，所支付的成本较高。一般来说，影响力较大的展会项目采用这种方式。

内部定向方式是指展会项目根据自身情况，有针对性地选择赞助商，通过商业谈判形式获取赞助并给赞助商相应的商业回报。以这种方式获取赞助一般是与某个特定行业相关，赞助商一般为行业内的领袖，所需准备时间较短，所支付成本较低，但风险较高，因为一旦行业内的领袖企业不愿提供赞助，展会项目的赞助计划就会落空。

3）推销赞助建议书

赞助建议书是一份有关会展项目具体情况和赞助具体事项的书面材料，包括对会展项目的历史说明、会展项目组织者的资源情况、其他赞助商相关证明材料、本次赞助的基本情况等。

4）签订赞助合同

这是指就赞助事宜与赞助商进行多轮谈判后签订具有法律效力的合同。

2. 商业赞助的类型

1）按赞助的内容划分

商业赞助根据赞助的内容可分现金赞助、实物赞助和混合赞助。

2）按赞助的形式划分

商业赞助根据赞助的形式可分独家赞助和联合赞助。

3）按赞助的对象划分

商业赞助根据赞助的对象可分单项赞助和多项赞助。

3. 撰写赞助方案

一个完整的展会赞助方案一般包括两个方面的内容。

1）展会的介绍

主要包括展会的主办、承办与支持单位，展会的历史沿革、客户反映、联系方式等。

在赞助方案中介绍这些内容主要是希望让目标赞助商对展会的概况、档次、信誉、影响力等形成一个初步概念，以便目标赞助商对展会形成良好的第一印象。所以，赞助方案中关于展会的介绍要简明扼要，要用最简练的语言向目标赞助商传达展会的价值。

2）赞助方案的总体设计

（1）赞助类型的设计：展会的赞助类型多种多样，可以是现金赞助，也可以是展会用品的赞助，如资料袋、胸牌、志愿者服装、电子显示屏等，也可以是展会服务的赞助，如宴会招待等。

（2）赞助等级的设计：组展商一般会根据赞助力度的不同，将赞助商划分为不同的级别，级别的名称各有不同。有以钻石、皇冠分级的，也有以铂金、黄金分类的，还有以一级、二级、三级来划分的。

（3）赞助金额的设计：赞助金额的确定需要以展会的影响力为基础，也要考虑到目标赞助商的承受力。过高的赞助金额有可能"吓到"赞助商，而过低的赞助金额又会降低主办方的收益，所以，确定展会的合理赞助金额通常是一件比较困难的工作。这就需要赞助设计人员一方面对展会自身的价值有比较客观的认识，另一方面需要对潜在赞助商的支付能力有详尽的了解。

（4）回报项目的设计：设计出具有吸引力的回报方案，是找到合适的赞助商的关键环节之一。一般来说，赞助商的回报条款应达到以下两个要求：

①详细明确，具有可操作性：赞助商的回报通常来自展会前期、展会期间及结束以后的各种宣传机会。因此，需要赞助设计人员对具体的宣传平台和措施进行细化，并在项目设计中明确表达出来。

②层次分明：能够将不同级别的赞助商的回报条款明确区别开来，使每一个赞助商的付出都能得到相应的回报。

项目建议

（1）在会展实训中，学生自主发起的活动项目没有资金支持，赞助至关重要，其中大量为实物赞助，如场地、舞台、礼品、物料、服装等，也需要少量资金赞助。所以获取赞助为工作的重心。

（2）大学生的实训项目，影响力不大，且学生经验不足，劣势明显；但作为大学生项目，新鲜有吸引力，大学生有创新有活力，且大学生也是赞助商最看重的受众群体，这又成了大学生的优势。

（3）在赞助工作中，不卑不亢，自信面对挑战。

三、展会项目宣传

微课：展会项目宣传

1. 宣传推广的内容

所有的展会都需要一定形式的宣传推广工作，商业性展会宣传的重点在于展会的主旨和效果，文化性展会宣传的重点在于展会的定位与档次。小型展会特别是短期展会宣传的重点是时间、地点等与展会直接相关的信息，大型展会尤其是长期展会宣传的重点则在于展会的主题及相关活动。展会的级别与目的不同，其宣传与推广的内容也有所不同，以下所介绍的宣传与推广内容不一定会同时出现在一场展会过程中。

展会基础资讯的宣传推广，各种展会都需要向参加者详细介绍展会的基础信息，包括：

（1）开展的时间、场馆地点、交通住宿情况、会务组接待事宜、展会时限等。

（2）参展商情况、往届展会效果、社会评价等。

（3）参展要求与条件等。

以上宣传内容主要是针对参展方，比较简便的做法是将所有基础信息编订成册，印发邮寄或现场发送。

2. 宣传推广的步骤

1）确定宣传目标

制订会展宣传推广计划首先要明确宣传推广的目标和任务，这样才能有目的地去实施各种宣传推广工作。会展宣传推广目标具有一定的阶段性，在会展筹备的不同阶段其主要任务也有所差别，如前期偏重招展，后期偏重招商等。

2）宣传资金投入

宣传资金是指为了达到上述宣传推广目标所需要的资金投入，一般以"会展宣传推广预算"来体现。在实际操作中，会展宣传推广预算可以先按不同的宣传渠道分别制定，如专业媒体宣传投入预算、大众媒体宣传投入预算等，然后再将各渠道的预算汇总成会展宣传推广的总预算。

3）宣传信息策划

宣传信息策划就是要确定会展宣传推广需要向外界传递怎样的信息，如展会的办展理念、展会的优势和特点、展会的品牌形象等。不管会展宣传推广向外界传递的是怎样的信息，这些信息都必须是真实的。另外，展会传递的信息要具有自己的特色，不能与别的同类展会雷同，信息要具有差别性和排他性，这样才能达到更好的宣传效果，而不会被其他信息所淹没。

4）宣传资料策划

宣传资料的策划就是要确定制作什么样的宣传资料来陈述信息，展会的宣传资料很多，在制作宣传资料时，要注意遵循以下几点：①针对性，每一种宣传资料都必须有自己具体的目标客户。②系统性，各种宣传资料既有自己的特色，又互相配合、互相补充，为整个展会服务。③专业性，展会宣传资料在制作上要符合展览行业的要求，在内容上要能反映行业的特点和展会的特色，要在具有国际化特征的同时顾及各国的不同文化差异。④统一性，各种宣传资料在宣传口径上要统一，各种数据、理念和形象要一致，并要继承上届展会的宣传信息。

5）宣传渠道策划

宣传渠道策划就是确定采用哪种渠道将展会信息传递出去。展会宣传的渠道很多，如专业媒体、大众媒体、同类展会、电子商务平台、直接邮寄、事件推广、公共关系等，这些各有特色。

6）宣传效果评估

宣传效果评估就是测量展会宣传推广的质量与效果，评估展会宣传推广目标完成的情况。展会宣传推广的效果可以分为即时效果、近期效果和远期效果，对这些效果的评估可以从观众、参展商和展会功能定位三个方面来进行，也可以从宣传的传播效果、宣传的促销效果和宣传的形象效果三个方面来评估。至于具体的评估指标，评估宣传的传播效果的指标有接收率、注意率、阅读率和认知率等，评估宣传的促销效果的指标有销售增长率、广告增销率、广告费占销售和单位广告费收益等，评估宣传的形象效果指标的有知名度、美誉度和品牌忠实度等。展会的宣传推广效果具有滞后性、交融性和隐含性等特征，有时候较难测定，对此必须采取科学的方法。

3. 宣传推广的策略

会展项目的宣传推广策略是指利用一定的措施和方法向公众宣传会展项目品牌，以扩大影响，树立良好形象。会展宣传推广的主要策略有以下3种。

1）广告策略

广告策略是办展机构根据不同目标市场的特点和展会宣传阶段的特点，采取相应的宣传手段和方法。广告策略要在具体实施上把握主要环节，选择合适的媒体将展会信息以最有效的方式传播给目标受众。从策划者的角度来说，制定广告策略应注意以下环节：

（1）明确广告受众。展会的广告受众包括潜在受众和目标受众。

（2）设计广告内容。广告是瞬间决定成败的艺术，心理学的实验结果显示，人们一般在1分钟甚至更少的时间内将大部分看到的广告信息遗忘。所以广告内容必须简明扼要、风格独特、主题明确，这对广告商的选择和广告内容设计提出了极高的要求。

（3）制定广告目标。广告目标实际上就是广告活动在社会上引起的预期反应，以及由此产生的促销效果。

（4）组合运用各种广告手段。整合传播的特性在于将广告扩展到与企业市场营销活动有关的一切信息传播活动中，而且为所有对外信息传播活动提供整体策略。

2）媒体选择策略

媒体选择与组合使用必须考虑媒体特性与使用方式，不同的媒体有着不同的规律。

（1）电波媒体。电视、电台和网络是覆盖面最广的媒体，其主要对象是消费者，因此，消费性质的展会可以使用。由于展会本身一般都具有较强的地域性，因此，最好使用当地媒体或区域性媒体，这样也可以降低成本。

（2）印刷媒体。综合性报纸是将信息传达到消费者和专业人士的理想途径；生产流通领域的专业性杂志或报纸，是专业展会广告的主要选择；政府有关部门、贸促机构、工商会、行业协会等内部发行的报纸、杂志，发行对象多是特定的专业读者，有读者专、收费低、效果好的特点。还有一些如广告夹页、分类广告、展览会目录等形式的印刷媒体也不要忽视，有时能达到事半功倍的效果。

（3）户外媒体。户外广告方式成本相对较低，效果却不错。海报、招贴、广告牌、横幅、气球等广告形式，不仅可以实现宣传效果，还可以制造氛围。

3）本位宣传策略

本位宣传策略是会展项目组织者利用自身的宣传平台和信息资源，对会展项目进行的宣传推广，具有可控性强、费用低、目标客户准的特点。

（1）展会官方网站的宣传。官方网站是展会信息及时发布的重要窗口，同时有利于让更多、更好、更新的功能服务于目标客户。

（2）定期出版展会特刊。展会特刊可以将参展商动态信息、展品信息、专业观众动态、行业和市场供需信息传递给目标客户。

（3）电子邮件群发展会信息。用网络群发系统，将展会进展信息及时、准确地发给广大参展商和观众，起到规模化的宣传效果。

（4）直邮展会资料。除进行目标客户邀请的措施之外，通过直邮的方式，根据每阶段宣传的侧重不同，将展会相关资料邮寄给目标客户，加深目标客户对展会的了解，吸引更多客户关注展会。

4. 撰写宣传推广方案

撰写宣传推广方案是会展项目管理中的重要环节，它旨在确保展会能够吸引足够的关注和参与者。一个有效的宣传推广方案应该包括多渠道的宣传策略，以最大化地实现展会的影响力。以下是一个宣传推广方案的撰写结构。

（1）目标受众分析：确定目标受众群体，包括观众、参展商、赞助商等。了解目标受众的兴趣点、偏好等。

（2）宣传目标：明确宣传推广的目标，比如提高品牌知名度、吸引观众等。

（3）宣传策略：制定针对不同受众群体的宣传策略。确定宣传的关键信息和核心卖点。

（4）宣传渠道：选择合适的宣传渠道，包括社交媒体、传统媒体、合作伙伴等。为每个渠道制订具体的宣传计划。

（5）宣传材料：准备宣传所需的材料，如宣传册、海报、新闻稿等。确保材料的设计与展会主题相符。

（6）宣传时间表：制订详细的宣传时间表，包括宣传活动的时间节点。

（7）预算：根据宣传计划制订宣传预算。

项目建议

（1）作为学生实训项目，在宣传投入上会有很大限制，所以尽量使用本位宣传策略，即使用自建账号、合作方账号进行宣传推广。

（2）赞助商比较看重宣传推广数据，所以，宣传推广工作是配合赞助工作的重要一环。

四、会展项目客户管理

1. 会展客户信息处理

1）客户资料获取

会展企业所面对的是一个广泛复杂的群体,主要包括一般观众和专业观众、参展商和贸易商。收集一切可以获取的资料是处理客户信息的第一步。客户信息可以分为静态和动态两类:静态信息即客户的基本特征,如公司名称、公司地址、联系方式、主营业务等;动态信息即客户的消费行为资料,如何时购买、历史消费记录、流失或转到竞争对手的记录、与企业接触的历史记录等。会展客户资料获取,即在广泛的客户群体中,通过各种与客户互动的途径,包括电子门票系统、客户跟踪系统、呼叫中心档案等,全面收集客户资料数据并储存到客户数据库中,然后将不同部门的客户数据库整合成为统一的客户数据库。

2）会展客户甄别

重新确认收集到的资料信息的真实性,并从中甄别出有价值的客户,这是客户信息处理的关键一步。根据各参展商的经营业务类型、产品特色、生产规模、企业实力等因素,把有增长潜力和发展前景的参展商作为重点客户。同时根据各贸易商的交易情况和购买需求,筛选出有购买能力的贸易商作为合作的伙伴,并与其保持紧密的联系。

3）会展客户细分

通过集中所有参展客户的需求信息,如基本资料、信用状况、销售状况、客户价格管理状况、客户费用管理状况等,会展企业可以对客户信息进行分析,按照需求差异对客户市场进行细分,并描述每一类型客户的需求特征和行为模式。这样的工作,一方面,便于建立不同类型和级别的参展商和贸易商的客户档案,使会展企业的管理幅度逐步向最终客户延伸;另一方面,会展企业可以根据展会的主题定位,从中选择特定的客户群体进行专门的市场营销。

2. 会展客户关系管理实施

1）制订客户方案,定制个性服务

这一阶段是会展客户关系管理的发展阶段,在全面收集客户信息的基础上,预测会展客户的需求,预先确定专门的会展活动,制订服务计划。这就加强了会展企业营销人员以及会展服务团队在展前的有效准备和展中的针对性服务,提高了会展

微课:会展项目客户管理

企业在与客户互动中的投资机会。在这一过程中会展企业通常要使用营销宣传策略，向目标客户输送展会各项服务信息，以吸引客户的注意力。

2）实现客户互动，追踪需求变化

这一阶段是会展企业执行和管理与客户（及潜在客户）的沟通的关键性活动阶段，它使用各种各样的互动渠道和前端办公应用系统，包括客户跟踪系统、销售应用系统、客户接触应用和互动应用系统，通过与客户的互动，追踪参展商的需求变化以及参展后的有关评价，从而不断完善客户方案，同时收集更多的会展客户信息和需求，为提供下一次服务做准备。

3）分析客户反应，改善客户关系

这是会展企业通过与客户对话从而不断学习和优化的过程。会展企业通过捕捉和分析客户互动中产生的数据，了解客户对企业各项营销措施的具体反应，为制定下一个策略提出新的建议，以此不断改善会展企业的客户关系。

3. 建立客户管理表

客户管理表是一个用于管理和跟踪客户信息的表格或系统（表3-1所示为赞助商管理表）。这个表格通常包括以下内容。

（1）客户基本信息：包括客户的姓名、联系方式、地址、公司名称等基本信息。

（2）业务联系信息：记录与客户业务相关的联系信息，包括联系人、联系电话、电子邮件等。

（3）业务合作信息：记录与客户开展业务合作的历史，包括合作时间、合作项目、合作金额等信息。

（4）客户沟通信息：记录客户的沟通反馈信息，包括客户对产品或服务的评价、建议，以及与客户沟通的具体时间、次数等信息。

通过客户管理表，企业可以更好地了解客户的基本信息和客户的需求及行为，从而制定更有效的营销策略和客户服务方案。

项目建议

学生实训项目规模小，涉及范围较小，相应的客户资源也较少，所以在与客户沟通方面要非常谨慎，沟通前一定要做好充足的资料准备。因为客户一旦拒绝就很难挽回，所以客户管理就显得尤为重要。

实训三　项目营销

表 3-1　赞助商管理表

课中实训

任务一　会展项目招展

任务描述

（1）学生以小组为单位，组长组织小组讨论，确定项目招展方案，并撰写招展方案；请将讨论成果做成文本，并将要点及个人工作记录在表 3-2 中。

表 3-2　项目招展招商方案制定记录

类别	内容
小组招展方案讨论要点记录	
撰写招展方案工作任务内容	1. 文本汇总负责人： 2. 文本美化负责人： 3. 内容撰写（任务分配明细）：
个人工作记录	1. 工作时间： 2. 个人提出的建议： 3. 个人撰写的内容：

（2）组长安排工作任务，小组成员进行招展工作；请将小组招展工作要点和个人工作记录在表 3-3 中。

表 3-3　项目招展工作记录

类别	内容
小组招展工作要点记录	
个人工作记录	1. 工作时间： 2. 工作内容：

任务二　会展项目赞助

任务描述

（1）学生以小组为单位，组长组织小组讨论，确定项目赞助方案，并撰写赞助方案；请将讨论成果做成文本，并将方案要点、任务内容及个人工作记录在表 3-4 中。

表 3-4　项目赞助方案制定工作记录

类别	内容
小组赞助方案讨论要点记录	
赞助方案工作任务内容	1. 文本汇总负责人： 2. 文本美化负责人： 3. 内容撰写（任务分配明细）：

续表

类别	内容
个人工作记录	1. 工作时间： 2. 个人提出的建议： 3. 个人撰写的内容：

（2）组长安排工作任务，小组成员进行赞助开发工作；请将工作要点和个人工作记录在表 3-5 中。

表 3-5　项目赞助工作记录

类别	内容
小组赞助工作要点记录	
个人工作记录	1. 工作时间： 2. 工作内容：

任务三　会展项目宣传

任务描述

（1）组长组织小组讨论，确定项目宣传方案（包含线上宣传策略和线下宣传策略），并撰写宣传方案；请将讨论成果做成文本，并将方案要点、任务内容及个人工作记录在表 3-6 中。

表 3-6　项目宣传方案制定工作记录

研究内容	宣传方案
小组宣传方案讨论要点记录	
宣传方案工作任务内容	1. 文本汇总负责人： 2. 文本美化负责人： 3. 内容撰写（任务分配明细）：
个人工作记录	1. 工作时间： 2. 个人提出的建议： 3. 个人撰写的内容：

（2）组长安排工作任务，小组成员进行宣传工作（包含线上宣传策略和线下宣传策略）；请将工作要点和个人工作记录在表 3-7 中。

表 3-7　项目宣传工作记录

工作内容	工作结果要点
小组宣传工作要点记录	
个人工作记录	1. 工作时间： 2. 工作内容：

任务四　客户管理

任务描述

组长安排销售工作任务，小组成员根据任务安排收集客户信息，进行客户销售工作，并根据要求做好客户管理；请将个人客户销售工作详情记录在客户管理表中，同时将工作要点和个人工作记录在表3-8中。

表3-8　客户销售工作记录

工作内容	工作结果要点
小组客户管理工作要点记录	
个人工作记录	1. 工作时间： 2. 工作内容：

复盘反思

1. 知识盘点：通过对项目立项部分的学习和实践，你掌握了哪些知识点？

2. 方法反思：在完成本项目学习和实训的过程中，你学会了哪些分析和解决问题的方法？

续表

3.行动影响：在完成本项目学习和实训的过程中，你认为自己还有哪些地方需要改进？

实训评价

评价说明：

（1）教师、组长为组员进行实训评价，教师为组长进行实训评价（教师根据小组实训任务完成质量为组长进行实训评价）；组长评价表中的自评分与组长评分两栏的分值一致；

（2）实训评价分为技能点评价和素质点评价，分值分别为80分和20分，总分为100分；

（3）实训评价分值占比：学生自评分占比10%，组长评分占比60%，教师评分占比30%。

技能点评价表

评分项目			分值	评分标准	自评分	组长评分	教师评分
实训三项目运营技能点 80分	1.会展项目招展招商或赞助工作 50分	招展招商或赞助工作	40分	1.整合客户名单，得5—20分； 2.参与客户沟通，洽谈合作，签订合同，得10—40分； 3.未参与此项工作，得0分 （此项得分可累加，总分不得超过最高分值）			
		招展招商或赞助方案撰写	10分	1.整合文本，得5分； 2.文本美化，得1—3分； 3.参与提供资料，得1—3分； 4.参与招展招商方案或赞助方案策划、讨论，提出建设性意见，得1—8分； 5.未参与此项工作，得0分 （此项得分可累加，总分不得超过最高分值）			

续表

评分项目			分值	评分标准	自评分	组长评分	教师评分
实训三项目运营技能点 80分	2.会展项目宣传推广工作 30分	宣传推广工作	20分	1.撰写推广软文、视频编辑、内容发布，得5—20分； 2.采集、设计宣传素材，得5—15分； 3.未参与此项工作，得0分 （此项得分可累加，总分不得超过最高分值）			
		宣传方案撰写	10分	1.整合文本，得5分； 2.文本美化，得1—3分； 3.参与提供资料，得1—3分； 4.参与宣传方案策划、讨论，提出建设性意见，得1—8分； 5.未参与此项工作，得0分 （此项得分可累加，总分不得超过最高分值）			
合计			80分				

素质点评价表

评分项目		分值	评分标准	自评分	组长评分	教师评分
实训三项目策划素质点 20分	工作态度	7分	1.积极主动、认真负责、服务意识优秀，得4—7分； 2.工作懈怠、被动、推诿责任，得1—3分； 3.有违规行为或者被投诉，得0分			
	团队精神	8分	1.团队意识优秀，以大局为重，得4—8分； 2.自我意识重，只讲获取，不讲奉献，得1—3分； 3.分离团队，散播不利言论，得0分			
	遵章守纪	5分	1.遵守规章制度，得5分； 2.迟到早退和请假，得1—4分； 3.无故缺课者，得0分			
合计		20分				

课后作业

作业说明：以小组为单位提交作业。

作业内容：

（1）设计调查问卷；

（2）撰写市场调查报告；

（3）撰写场地踩点报告；

（4）撰写项目可行性分析报告。

案例

学生实训项目案例

案例

实训四 项目执行

教学目标

1. 掌握会展项目执行方案的撰写方法。
2. 掌握现场资料收集类目。

能力目标

1. 能够编制会展项目现场执行方案。
2. 能够完成个人工作任务。
3. 能收集项目重要佐证材料。

素养目标

1. 团队合作精神和协作能力。
2. 良好的交流沟通能力。
3. 信息素养和学习能力。
4. 独立思考和创新能力。

课前自学

一、会展项目现场管理

（一）展会现场管理

展会现场工作一般由三个阶段组成：展前布展管理阶段、展中现场管理阶段和

微课：会展项目现场管理

撤展管理阶段。以下就三方面内容进行介绍。

1. 展前布展管理阶段

布展是展会开幕前的现场筹备工作。在布展期间，主办方管理的对象主要是主场搭建商和主场运输商，督促和协调他们之间相互配合，以保证布展的顺利进行。

参展商报到之前，主办方应督促主场搭建商（承建商）做好两项工作：一是按图纸做好展台区域地线划分工作，标明展台号；二是按图纸搭好现场服务办公的场所。

1）设立场地前台接待

前台接待主要负责以下工作。

（1）负责参展企业报到登记。

（2）根据参展报名情况落实参展证的派发和展品进入场地的确认工作。

（3）派发参展企业在参会期间的参会指南。

（4）进行一些相关企业的咨询活动，介绍展场的大体安排情况。

2）场馆现场协调工作

现场协调工作主要包含以下内容。

（1）负责监督现场施工，即根据参展企业要求进行装修的展位施工。

（2）在现场工作中注意防火、防电、防盗等。

（3）为企业协调现场租赁业务。

（4）根据企业报名表，布置安排会场外的广告宣传（一般根据参展企业要求设立）。

3）交通运输安排及搬运工作

交通运输安排及搬运工作包括以下两方面内容。

（1）企业运输展品的接待及装卸。

（2）搬运工作协调。

2. 展中现场管理阶段

1）展览会的开幕式组织工作

在开幕式前要求完成所有的室内、室外的布展工作，准备迎接参观者的参观。开幕式组织工作可以体现项目经理协调能力情况。

（1）确定邀请参加展览会开幕式的贵宾名单；

（2）确定邀请参展企业的记者名录；

（3）明确开幕式的场地搭建要求；

（4）审定开幕式主持人讲话内容及参加嘉宾讲话内容；

（5）开幕式结束后，带领嘉宾参观，协调好会后的安排工作。

2）展会开展期间

展会前期大量的组织工作都在这几天的展会期间呈现出效果，参展商满意、参观者满意，才能说明展会的成功。一个成功的展会要求做到以下几点。

（1）做好展会参观人数的统计和人员分类；

（2）发放展会的会刊（每天定时发放，要根据参观对象的身份发放）；

（3）协调展会期间研讨会的组织安排工作，做到研讨会与展览会有机结合；

（4）做好中间人角色，积极为企业牵线搭桥，为企业服务；

（5）统计展会的成交额，做好记录；

（6）积极听取参展商、观众及参会代表对展会的意见和建议；

（7）邀请企业和观众参加下一届的展会。

3. 撤展管理阶段

当展会按计划的天数结束后，展会就要准备闭幕，展会闭幕标志着本届展会正式结束。然而，展会闭幕并不意味着展会现场工作就此结束，展会的撤展工作还需要会展公司介入并进行必要的指挥、管理。展会的撤展工作主要包括展位的拆除、参展商租赁展具的退还、参展商展品的处理和回运、展场的清洁，以及撤展安全保卫等工作。

（二）节事活动现场管理

1. 确认活动流程表

活动流程表是在活动筹备期间就制作完成的，但是在进行活动时，还需再次确认现场工作人员都了解活动流程，明确自己的工作职责，了解相关人员的任务。每一场活动都是现场直播，一旦出了差错则无法重新开始，因此活动流程表是在活动开始前确保活动顺利进行的最后一道屏障，活动策划者对这一项工作必须确保落实。

2. 发挥主持人的作用

主持人在活动现场扮演着十分重要的角色（见图4-1），如果说活动策划者是幕后的规划者，那主持人就是台前的指挥者，优秀的主持人能为活动增色添彩，合格的主持人能引导活动顺利进行，拙劣的主持人则会使活动毁于一旦。

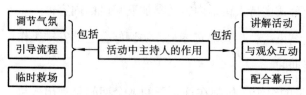

图 4-1　活动中主持人的作用

3. 引导现场秩序

对于大型活动来说，参与者众多，而太多人聚集容易引发诸多问题，这些问题常常会影响活动的顺利进行，所以活动策划者应将人员的引导分流问题提前考虑好、解决好。

4. 确保工作人员沟通顺畅

沟通在活动中十分关键。工作人员的工作内容是紧密关联的，越是大型的活动，工作环节越多，工作人员也就越多，俗话说"人多手杂"，众多人同时工作难免会出现疏漏。只有工作人员加强沟通，相互配合，才能尽可能地规避疏漏，从而保障活动顺利进行。

5. 防范活动现场失序

活动现场失序通常并不是大量人群造成的，因为活动现场都配备了负责引导的人员和相应的措施，引起人群失序的往往是活动现场的不安定因素，比如个别情绪不稳定者捣乱或现场设施发生故障。所以，可以从以下两个方面进行防范。

（1）全面监控活动现场，及时排除影响安定的因素；

（2）定时巡逻检查设施，实时确保活动现场的安全。

6. 控制活动节奏

活动策划者对于活动节奏的控制十分关键，因为活动的节奏会直接影响活动的效果。节奏太快，受众跟不上，只能放弃参与；节奏太慢，受众等不及，也会离开活动现场。合适的节奏才能增强活动效果。

想要打造合适的活动节奏需要从以下三个方面入手，如图 4-2 所示。

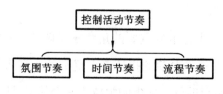

图 4-2　控制活动节奏的 3 个方面

下面对控制活动节奏的前两个方面进行详细讲解。

1）控制氛围节奏

控制氛围节奏的方式在促销活动中十分常见，通常都是运用"饥饿营销"的方法在消费者中营造一种强烈购买意愿的氛围，再激发消费者抢购。

例如，在某促销会上，对于有购买意愿的消费者可以先采取适当压制的手段，不让其购买，同时对等待购买的消费者反复宣传产品的好处。当消费者被激起强烈的消费欲望并且开始不耐烦时，再开始出售产品，并告诉消费者这是最后一批产品。通过这一系列的氛围节奏控制，原本只打算购买一件产品的消费者或许忍不住会多购买几件，原本打算看看的消费者也可能会立即购买。

2）控制时间节奏

任何一种包含时间和空间两个方面的立体艺术，其表现形式都必然会经历起始、渐强、高潮、渐弱、落幕这五个阶段，活动也不例外。在这五个阶段中，起始、高潮和落幕三个节点最容易被观众记住。因此，活动策划者要善于控制活动的时间节奏，在活动的关键节点将表现活动目的的关键内容呈现出来。

7. 清场工作

清场工作的内容有以下几个方面（见图4-3）。

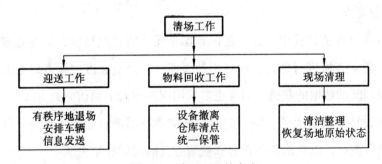

图4-3 清场工作的内容

（1）迎送工作；

（2）物料回收工作；

（3）现场清理，恢复场地原始状态。

项目建议

（1）作为学生实训项目，在现场管理中仅凭小组成员的力量是不够的，所以要提前组织好相应的志愿者，做好工作安排。

（2）前期要细化执行方案，并进行多次全程推演，让所有工作人员都对自己的工作内容了然于心，才能做到井然有序。

（3）现场管理要点：保大局。现场或多或少会有一些突发状况，要做到不慌乱，及时处理，不要太纠结小细节，确保大方向顺利。

微课：会展项目资料收集

二、会展项目资料收集

1. 会展项目数据收集

数据收集是会展项目评估的一个重要环节，必须尽最大努力确保数据的完整、准确，才能得到客观、公正的评估结果。在数据收集时经常用到的方法主要有以下几种。

1）直接收集

在会展评估体系中有很多量化的指标数据都比较容易获得，如项目的举办次数、场馆面积的大小、参展商的数量等数据可以在展会正式开始之前获得；组展方、参展商和会展服务商的收益可以在展会结束之后从相关机构处获得；至于观众数量，如果出售门票，观众数量即为出售门票的数量，如果不出售门票，则可根据经验估算。

2）问卷调查

在会展项目评估过程中，有些指标数据是无法直接获得的，如专业观众数量，需要使用问卷调查法进行估算；而对于参展商、观众满意度的调查以及其他一些需要作出主观判断的数据的获得，通常也需采用问卷或者个别访问的方式。

问卷的设计要简洁明了，每一个问题都应该有明确且必要的目的，问卷在使用之前必须进行测试，以免浪费调查者和被调查者的时间和精力。

问卷可分为开放式和封闭式两种类型。开放式问卷要求被调查者写出答案，一般需要较多时间，有些被调查者不愿意接受，因此除非确有必要，应尽量少用此类问卷。封闭式问卷通常已经将选项设定好了，被调查者可以从选项中选择一个最为贴切的答案，如"是"或"否"，"很好""好""一般""差""很差"等。目前，比较多的情况是将两种类型的问卷结合在一起使用，并以封闭式题目为主。

3）重点访谈

重点访谈是指与被调查者进行语言沟通从而获得信息的方法，可以是面对面的交流，也可以通过电话、语音或视频连线等形式开展，适用于对一些需要作出主观判断的问题的调查。但此种方式需要经验丰富的调查人员，并且会耗费大量时间，对小型会展项目来说，比较实用，对于大型活动来说，有一定的局限性。

2. 会展项目影像素材收集

1）安排专人或团队进行照片和视频收集

2）会展项目现场影像收集内容

（1）会展项目现场布置的照片、视频；

（2）工作人员工作的照片、视频；

（3）现场活动环节的照片、视频；

（4）现场观众的照片、视频。

项目建议

（1）会展项目除了可以用直观的现场氛围来评判外，现场数据对于项目评估更为重要，并可以作为项目总结的重要数据提供给合作方、赞助商进行确认。

（2）项目数据为项目的改进提供了依据。

（3）现场拍摄的照片和视频不仅是项目总结的重要素材，而且还是对该项目的情感寄托和珍贵记忆。

课中实训

任务一　项目执行方案

任务描述

学生以小组为单位，组长组织小组讨论，确定项目现场工作内容，并撰写执行方案；然后将讨论要点及个人工作内容记录在表4-1中。

表4-1　项目执行方案制定记录

类别	内容
现场工作讨论要点记录	

续表

类别	内容
现场执行方案工作任务内容	1. 文本汇总负责人： 2. 文本美化负责人： 3. 内容撰写（任务分配明细）：
个人工作内容	1. 工作时间： 2. 个人提出的建议： 3. 个人撰写的内容：

任务二　现场个人工作

任务描述

积极认真完成组长安排的工作任务，并请将个人工作记录在表 4-2 中。

表 4-2　项目现场执行工作记录

类别	内容
项目现场个人工作记录	1. 工作时间： 2. 工作内容： 3. 个人需提交的资料：

复盘反思

1. 知识盘点：通过对项目立项部分的学习和实践，你掌握了哪些知识点？

续表

2. 方法反思：在完成本项目学习和实训的过程中，你学会了哪些分析和解决问题的方法？
3. 行动影响：在完成本项目学习和实训的过程中，你认为自己还有哪些地方需要改进？

实训评价

评价说明：

（1）教师、组长为组员实训评价，教师为组长实训评价（教师根据小组实训任务完成质量为组长实训评价）；组长评价表中的自评分与组长评分两栏的分值一致；

（2）实训评价分为技能点评价和素质点评价，分值分别为80分和20分，总分为100分；

（3）实训评价分值占比：学生自评分占比10%，组长评分占比60%，教师评分占比30%。

技能点评价表

评分项目			分值	评分标准	自评分	组长评分	教师评分
实训四项目执行技能点80分	1. 撰写项目现场执行方案工作20分	方案策划	10分	1. 参与方案讨论，得1—8分； 2. 提出并被采纳建设性意见，得5—10分； 3. 未参与此项工作，得0分 （此项得分可累加，总分不得超过最高分值）			
		方案制作	10分	1. 整合文本，得5—10分； 2. 文本美化，得1—5分； 3. 参与提供资料，得1—5分； 4. 未参与此项工作，得0分 （此项得分可累加，总分不得超过最高分值）			

续表

评分项目			分值	评分标准	自评分	组长评分	教师评分
实训四项目执行技能点 80 分	2. 项目现场执行工作 60 分	现场执行	60 分	1. 顺利完成个人工作内容，得 30—60 分； 2. 基本完成个人工作内容，得 10—30 分； 3. 未完成或较差完成个人工作内容，影响到项目顺利运行，得 0—10 分； 4. 未参与此项工作，得 0 分			
合计			80 分				

素质点评价表

评分项目		分值	评分标准	自评分	组长评分	教师评分
实训四项目执行素质点 20 分	工作态度	7 分	1. 积极主动、认真负责、服务意识优秀，得 4—7 分； 2. 工作懈怠、被动、推诿责任，得 1—3 分； 3. 有违规行为或者被投诉，得 0 分			
	团队精神	8 分	1. 团队意识优秀，以大局为重，得 4—8 分； 2. 自我意识重，只讲获取，不讲奉献，得 1—3 分； 3. 分离团队，散播不利言论，得 0 分			
	遵章守纪	5 分	1. 遵守规章制度，得 5 分； 2. 迟到早退和请假，得 1—4 分； 3. 无故缺课者，得 0 分			
合计		20 分				

课后作业

作业说明：以小组为单位提交作业。

作业内容：

（1）撰写现场管理方案（执行方案等）；

（2）收集现场视图资料（现场照片、现场视频等）；

（3）收集现场信息资料（现场人流量数据、客户评价、观众评价等）。

案例

学生实训项目案例

案例

实训五 项目收尾

教学目标

1. 掌握会展项目总结的主要内容。
2. 掌握个人工作总结的主要内容。
3. 掌握项目收尾工作的主要内容。

能力目标

1. 能够撰写会展项目总结报告。
2. 能够撰写个人工作总结。
3. 能够完成项目财务结算。

素养目标

1. 收集整理数据信息。
2. 分析数据和总结问题。
3. 树立团队合作意识。
4. 养成反思及改进的习惯。

课前自学

一、会展项目收尾

当会展项目接近尾声时,编制详细的项目终止计划是至关重要的一步,它确保了项目的收尾工作能够有序且高效地进行。项目终止计划涵盖了所有必要的活动、时间安排、成本和质量要求,并在整个收尾阶段进行监督和控制。以下是以展览会为例的项目终止计划的内容。

1)致谢

向所有参展商、重要观众、支持单位、合作单位以及相关媒体表达感谢。

2)跟踪报道

对展会进行回顾性报道,提供相关统计数据和信息,以扩大展会的影响力。

3)建立信息数据库

分类整理参展企业和观众的信息,建立和完善客户资料库,为未来的会展活动提供支持。

4)收集客户反馈

征求参展商和观众对展会服务、举办地点以及展会效果等方面的意见和建议,以便不断改进。

5)财务结算

与合作单位核对数据,如住宿和交通费用等,并进行账单收集和支付;进行项目收支分析并向相关人员通报财务状况。

6)信息发布

向参展商和观众通报展会取得的经济和社会效益,以此作为下届展会的间接宣传。

7)总结会议

召开总结会议,全面回顾会展项目的情况,总结经验教训,分析存在的问题,并提出改进建议。

8)客户关系维护

通过有效的方式与参展商和重要客户长期保持联系,培养忠实客户群,推动业务的持续发展。

二、会展项目评价

项目后评价是对项目初期设定的目标和各项指标与项目的实际成果进行对比的过程。因此,项目后评价的内容与项目前期评价的范围相同,旨在评估项目的各个方面是否实现了既定的目标和效果。

微课:会展项目评

1. 展览会项目评价的内容

1）展览会主题

评估展览会主题是否明确，并能很好地服务于举办地的经济发展。

2）展览会规模

评估展览会的规模，包括：参展商数量、大型企业与行业龙头企业的参展面积以及他们在参展商总数中的占比、租用场馆面积、观众和专业观众数量。

3）展台效果评价

评价展台效果是否优异，如展台是否接待了70%以上的潜在客户，且客户的接触成本是否低于其他展台的平均值。

4）成交评价

对贸易性展览会而言，成交评价是会展成功性评价的重要内容之一。评估内容包括是否达到销售目标、成交笔数、意向成交额、实际成交额、新老客户的成交额、展览期间和预计后续的成交额等。

5）展会的组织与服务评价

评估展览会主办商的组织协调能力、维持秩序的能力以及处理紧急或突发事件的能力。

评估展览会提供的场馆设施、展台设施等基本服务，以及交通、饮食、住宿等其他服务。

6）竞争评价

评估展览工作方面和展览效果方面与竞争对手相比较的表现。

7）宣传评价

评估宣传活动的效果，是否有助于提升项目的知名度和品牌形象，以及是否对会展项目的实际成交情况有较大影响。

2. 节事活动项目评价内容

节事活动项目结束后的评估是确保活动成功并从中学习的重要环节。评估内容通常包括多个方面，旨在全面了解活动的效果和成果。以下是节事活动项目结束后评估的主要内容。

1）经济效益评估

- 收入与支出：比较活动的实际收入与支出，评估财务表现。
- 盈利能力：计算活动的净利润，分析活动的盈利能力。

- 投资回报率：计算活动的投资回报率，评估投资效益。

2）参与者满意度评估

- 参与者调查：通过问卷调查收集参与者对活动的满意度反馈。
- 参与者反馈：收集参与者的意见和建议，了解他们的需求和期望是否得到满足。

3）品牌影响评估

- 媒体报道：统计活动期间和活动之后的媒体报道量，评估活动的品牌曝光度。
- 社交媒体分析：分析活动在社交媒体上的曝光次数、互动量等指标，评估活动的在线影响力。
- 口碑传播：评估活动在参展商和观众中的口碑传播效果。

4）环境影响评估

- 资源消耗：评估活动期间资源的消耗情况，如电力、水资源等。
- 废弃物管理：评估活动产生的废弃物处理情况，包括回收利用率。
- 环保措施：评估活动中采取的环保措施及其效果。

5）组织管理评估

- 活动执行：评估活动的执行情况，包括计划的执行度和灵活性。
- 团队协作：评估项目团队成员之间的协作效果。
- 危机管理：评估活动期间危机管理措施的有效性。

三、会展项目工作总结

1. 会展项目成员绩效考核

设计会展项目成员绩效考核情况表，根据成员在项目期间的表现进行打分，为成员进行综合评价。

2. 会展项目工作总结报告

撰写会展项目工作总结报告是一项系统性工作，旨在全面回顾会展项目的执行情况、评估成果并总结经验教训。以下是撰写会展项目工作总结报告的内容。

1）引言和背景介绍

- 项目背景：简要介绍会展项目的背景信息，包括项目目标、规模、组织者、时间和地点等。
- 项目重要性：阐述会展项目对于组织和参与者的意义。

微课：会展项目工作总结

2）项目策划与组织

- 项目目标：明确会展项目的目标。
- 项目计划：描述项目策划和组织过程，包括确定项目目标、制订项目计划、确定项目团队和分工、资源调配、预算分配等。
- 项目团队：介绍项目团队的组成、职责和角色。
- 合作伙伴沟通：描述与合作伙伴的沟通和协调情况。

3）项目执行情况

- 活动启动：总结项目的启动阶段，包括需求分析、项目计划制订等。
- 关键问题与挑战：分析项目实施过程中的关键问题和挑战，并提出解决方案。

4）成果与成效

- 经济效益：评估项目的经济效益，包括收入、支出、利润等。
- 社会效益：分析项目对社会、文化、环境等方面的影响。
- 品牌影响：评估项目对主办方品牌价值的提升。

5）参与者反馈

- 参展商满意度：总结参展商的反馈，包括满意度调查结果、改进建议等。
- 观众满意度：收集观众的意见和建议，了解他们的需求和期望是否得到满足。
- 合作伙伴评价：评估合作伙伴的表现，包括赞助商、供应商等。

6）问题与挑战

- 遇到的问题：总结项目执行过程中遇到的主要问题和挑战。
- 应对措施：描述解决问题的方法和措施。
- 经验教训：提炼从问题解决过程中学到的经验和教训。

7）改进措施

- 改进建议：基于项目执行过程中的经验教训，提出改进建议。
- 未来规划：讨论如何将这些经验应用于未来的项目中。

8）结束语

- 结束语：回顾项目的筹备和执行过程，感谢合作伙伴、赞助单位、参展商、观众的参与，感谢团队成员的付出等，最后展望未来。

3. 个人工作总结

个人工作总结包含以下内容。

（1）标题；

(2）个人基本信息；

(3）个人工作内容；

(4）个人优势；

(5）个人不足；

(6）个人对未来工作的定位；

(7）实训对个人能力的提升。

四、会展项目收尾材料汇总

会展项目收尾材料主要包含以下内容。

(1）项目总结报告；

(2）成员工作总结；

(3）项目成员考核表；

(4）感谢信；

(5）项目结算表；

(6）报道稿。

课中实训

任务一 项目总结

任务描述

学生以小组为单位，组长组织小组讨论，确定项目总结内容，并撰写项目总结；并将讨论要点及个人工作内容记录在表5-1中。

表5-1 项目总结要点记录

类别	内容
小组项目总结讨论要点记录	

续表

类别	内容
撰写项目总结工作任务内容	1. 文本汇总负责人： 2. 文本美化负责人： 3. 内容撰写（任务分配明细）：
个人工作记录	1. 工作时间： 2. 个人提出的建议： 3. 个人撰写的内容：

任务二　个人工作总结

任务描述

撰写个人总结，并将个人总结要点记录在表 5-2 中。

表 5-2　个人工作总结要点记录

类别	内容
个人总结	1. 个人工作内容： 2. 个人优势： 3. 个人不足： 4. 个人对未来工作的定位： 5. 通过实训个人的提升：

复盘反思

1.知识盘点：通过对项目收尾部分的学习和实践，你掌握了哪些知识点？
2.方法反思：在完成本项目学习和实训的过程中，你学会了哪些分析问题和解决问题的方法？
3.行动影响：在完成本项目学习和实训的过程中，你认为自己还有哪些地方需要改进？

实训评价

评价说明：

（1）教师、组长为组员实训评价，教师为组长实训评价（教师根据小组实训任务完成质量为组长实训评价），组长评价表中的自评分与组长评分两栏的分值一致；

（2）实训评价分为技能点评价和素质点评价，分值分别为80分和20分，总分为100分；

（3）实训评价分值占比：学生自评分占比10%，组长评分占比60%，教师评分占比30%。

技能点评价表

评分项目			分值	评分标准	自评分	组长评分	教师评分
实训五项目收尾技能点80分	会展项目收尾工作50分	项目收尾工作	50分	1.参与致谢工作，得1—5分； 2.参与项目后期宣传工作，得5—30分； 3.参与项目总结工作，得5—30分； 4.未参与此项工作，得0分 （此项得分可累加，总分不得超过最高分值）			

续表

评分项目			分值	评分标准	自评分	组长评分	教师评分
实训五项目收尾技能点 80分	会展项目收尾工作 50分	项目收尾相关文本撰写	30分	1. 撰写致谢文本，得1—5分； 2. 撰写个人总结，得1—3分； 3. 撰写整合项目总结文本，得20分； 4. 项目总结文本美化，得1—10分； 5. 参与提供项目总结资料，得1—10分； 6. 未参与此项工作，得0分 （此项得分可累加，总分不得超过最高分值）			
合计			80分				

素质点评价表

评分项目		分值	评分标准	自评分	组长评分	教师评分
实训五项目收尾素质点 20分	工作态度	7分	1. 积极主动、认真负责、服务意识优秀，得4—7分； 2. 工作懈怠、被动、推诿责任，得1—3分； 3. 有违规行为或者被投诉，得0分			
	团队精神	8分	1. 团队意识优秀，以大局为重，得4—8分； 2. 自我意识重，只讲获取，不讲奉献，得1—3分； 3. 分离团队，散播不利言论，得0分			
	遵章守纪	5分	1. 遵守规章制度，得5分； 2. 迟到早退和请假，得1—4分； 3. 无故缺课者，得0分			
合计		20分				

课后作业

作业说明：以小组为单位提交作业。

作业内容：

（1）撰写项目总结报告；

（2）撰写成员工作总结；

（3）设计并完成项目成员考核表；

（4）撰写感谢信；

（5）设计并完成项目结算表；

（6）撰写报道稿。

案例

学生实训项目案例

案例

参考文献

[1] 吴虹. 会展项目管理[M].2版.重庆：重庆大学出版社，2013.

[2] 高珉，刘炜. 活动策划与执行大全[M].2版.北京：清华大学出版社，2020.

课时分配表

内容	课时
项目认知和前期准备	8课时
实训一　项目立项	12课时
实训二　项目策划	8课时
实训三　项目运营	16课时
实训四　项目执行	8课时
实训五　项目评估	8课时